Kristina Roy

Die Schw

Stephans Weg mit Gott

FRANCKE
Verlag der Francke-Buchhandlung GmbH

Über die Autorin:
Kristina Roy wurde 1860 in Stará Turá (Slowakei) geboren, wo sie 1937 auch starb. Sie blieb unverheiratet und hat sich zeitlebens in der Blaukreuzarbeit und im Aufbau lebendiger Bekenntnisgemeinden engagiert. Durch ihre heimatverbundenen Bücher, die eine klare christliche Botschaft auszeichnet, ist sie eine beliebte Volksschriftstellerin geworden.

Bibliografische Informationen Der Deutschen Bibliothek
Die Deutsche Bibliothek verzeichnet diese Publikation in der Deutschen Nationalbibliografie; detaillierte bibliografische Daten sind im Internet über http://dnb.ddb.de abrufbar.

ISBN 3-86122-731-2

35037 Marburg an der Lahn
Umschlaggestaltung: Henri Oetjen, Design Studio Lemgo
Satz: Verlag der Francke-Buchhandlung GmbH
Druck: Koninklijke Wöhrmann Niederlande

www.francke-buch.de

Inhaltsverzeichnis

Vorwort

Als die Gemeinschaftsbewegung in die Slowakei einzog, stellten sich ihr, wie heute noch, große Schwierigkeiten entgegen, nicht nur die traurigen sozialen und sittlichen Verhältnisse, sondern vor allem die Gleichgültigkeit oder die Feindschaft der Kirche. Vielleicht ist dies mit Ursache, daß die an sich nicht zahlreichen Träger der slowakischen Intelligenz bisher kaum zu erreichen waren.

Die armen, geringen Leute mußten schwer daran tragen, als Sektierer und Schwärmer gebrandmarkt und der öffentlichen Verachtung preisgegeben zu sein.

Das waren die Verhältnisse, die Kristina Roy (sprich Reu) veranlaßten, vorliegende Geschichte zu schreiben. Sie tat es nicht, um einen Kampf zu eröffnen, sondern um die Wahrheit gegen die ungerechten Anfeindungen zu verteidigen und den vorurteilsfreien Leser vor die Frage zu stellen: „Auf welcher Seite stand Christus?“

Die geschilderten Verhältnisse sind durchaus der Wirklichkeit entnommen. Die romantische Ausschmückung der Geschichte muß man allerdings der hochbegabten Schriftstellerin gestatten.

Bei der besonderen Aufgabe dieses Buches wünschte die Verfasserin, selbst eine Pfarrerstochter, die Übertragung ins Deutsche nicht. Auf Veranlassung von deutschen Theologen geschah sie aber doch und erschien im vorigen Jahr unter dem Originaltitel „Bludári“ („Bludári“, wie bei den Slowaken die Gläubigen genannt werden, heißt die Irrenden, Ketzer, Verführer; wir wählten dafür den Ausdruck „Schwärmer“) in einem christlichen Wochenblatt, allerdings so durchgearbeitet und zugestutzt, daß nicht nur der Hauch der Poesie, sondern beinahe die ganze Tendenz verlorengegangen ist, wodurch die Erzählung sehr entwertet wurde. Vorliegende Ausgabe hält sich so eng wie möglich an das Original und wird so den vielen Freunden der Royschen Schriften eine Quelle anregender Unterhaltung und reichen Segens sein.

Die evangelische slowakische Kirche scheint bis heute noch nicht daran zu denken, ihre feindselige oder gleichgültige Stellung zur Gemeinschaftsbewegung zu ändern. Ist das für die Bewegung zu bedauern, so noch viel mehr für die Kirche. Es wird nicht geleugnet werden können, daß vorliegende Geschichte auch für uns sehr zeitgemäß ist; sie spiegelt mit klarer Schärfe auch manche düstere Seite aus dem „kirchlichen Leben“ in Deutschland wider. Doch dürfen wir mit Dank gegen Gott erkennen, daß sich unsere Kirchenbehörden jetzt im allgemeinen zur Gemeinschaftsbewegung freundlich stellen. Möge vorliegende Erzählung nicht nur dazu beitragen, daß auch bei uns das Sehnen weiter Kreise nach wahrhaftem Christentum in rechter Weise gewürdigt werde, sondern vor allem, daß Jünger und Jüngerinnen für den Heiland gewonnen werden!

Striegau, Ostern 1904
Ch. u. R. Urban

1. Im Dubravatal

Im Dubravatal (Dubrava = Eichenwald) lebten von jeher Menschen. Die einen kamen, die anderen gingen, und die Welt kümmerte sich nicht um sie.

Katholiken und Evangelische lebten friedlich nebeneinander. Wenn sie nur die Staats- und Kirchensteuern zahlten und ihre besten Söhne zum Militärdienst stellten, fragte niemand weiter danach, wie sie lebten.

Der Pfarrer taufte die Kinder. Waren sie dann imstande, im Winter, ungenügend bekleidet, ein oder auch zwei Stunden auf ungangbaren Wegen zur Schule zu gehen, so erhielten sie Unterricht; wenn nicht, so lernten sie weder lesen noch schreiben. Es war auch so ganz gut, der Vater und die Mutter konnten es auch nicht, und warum sollten die Kinder klüger werden als die Eltern!

Und wenn sie auch slowakisch lesen gelernt hatten, kam dann einmal ein amtliches Schriftstück, so war es magyarisch (sprich madjarisch; die Slowaken leben im Königreich Ungarn, wo die magyarische Sprache Staatssprache ist), und sie mußten erst ins Dorf zum Juden gehen, um es sich übersetzen zu lassen.

Im Sommer waren die Kinder auf der Weide und hüteten Schafe, Gänse und Kühe. Die Eltern arbeiteten im Felde oder suchten sonst Arbeit. Sonntags sammelten die meisten, jung und alt, Pilze, Himbeeren und Erdbeeren. Manche gingen in die Kirche, und wenn sie dort während der Predigt einnickten, so war das nach der harten Wochenarbeit kein Wunder.

Wenn die Kinder ihr zwölftes Jahr erreicht hatten, mußten sie sich auf dem Pfarramt einschreiben lassen. Dann gingen die evangelischen Kinder im Frühjahr, oft bei schrecklicher Witterung ganz durchnäßt und erstarrt, einige Wochen lang während der Passionszeit in den Konfirmandenunterricht.

Dort lehrte der Pfarrer die, welche lesen konnten, den großen und kleinen Katechismus, die anderen lernten, besser als sie es von zu Hause aus schon wußten, das Vaterunser, das Glaubensbekenntnis und die zehn Gebote.

Dann wurden sie in die Gemeinde aufgenommen, zum heiligen Abendmahl zugelassen, und so wurden sie Christen.

Waren die Jungen älter geworden, so lasen sie, wenn sie zu Hause eine Bibel hatten, am liebsten das Buch Hiob, Sirach und Tobias, manchmal auch die Evangelien. Die Frauen lasen die Lieder im Gesangbuch und schätzten sie höher als das Wort Gottes.

Wenn jemand krank wurde, ließ man für ihn in der Kirche beten, ging aber auch nach Hrosienkov oder Bosác (sprich Boschahtz) oder Zitkov (Z wie französ. g gesprochen) zu einer Zauberin. Den Arzt rief man zugleich mit dem Pfarrer, wenn der Kranke schon im Sterben lag. Auch dann taten sie nicht, was er verordnete. Ging's ans Sterben, dann kamen die Leute im Zimmer zusammen und atmeten das bißchen vorhandene gute Luft vollends auf, und damit der Kranke besser sterben könne, zogen sie ihm das Kopfkissen weg, oder sie legten ihn gar auf den Fußboden. Wenn er so erstickte, freute man sich, daß er einen leichten Tod gehabt hatte. „Gleich", sagte man, „war es aus mit ihm!"

Die Leute waren arm; aber bot sich die Gelegenheit zu einem Gastmahl, so wurde sie gerne genutzt. Wurde ein Kind geboren, so mußte das Ereignis gefeiert werden. In jeder Familie waren Paten, und jeder Pate mußte einen Korb voll Kuchen oder Krapfen mitbringen und auch etwas zu trinken. Da wurde gegessen und getrunken. Starb jemand, so mußten sie die Trauergäste bewirten. War eine Hochzeit, so dauerte sie drei Tage, manchmal auch eine Woche; es dauerte dann ein halbes Jahr, bis man beim Juden die Schulden wieder abbezahlt hatte.

Sonntagnachmittags tanzte die Jugend vom Frühjahr bis zum Herbst bei der Musik in den Wäldern, im Winter in den Wirtshäusern.

So lebten sie jahraus, jahrein, und Menschen, die sie nie von nahem sahen, schrieben von ihnen: „Unser gutes, stilles, frommes slowakisches Volk."

Sie waren ja still, solange sie sich nicht betranken; aber dann donnerte es nur so vom Fluchen und Schimpfen.

Gut und gastfreundlich waren sie auch. Wenn ein Fremder zu ihnen kam, nahmen sie ihn mit Freuden auf und bewirteten ihn mit dem, was sie hatten.

Sie waren auch fromm auf ihre Art. Aber weder um die Väter noch um die Söhne hatte sich jemand gekümmert und ihnen gesagt, ob das, was sie taten, gut oder böse sei.

* * *

Inmitten des Tales, das im Frühjahr wie ein Garten Gottes prangte, standen, durch Obstgärten und Wiesen voneinander getrennt, drei Häuser: ein großes Bauernhaus, eine vom Bach umspülte alte Mühle und eine verfallende alte Hütte unter einem großen Nußbaum, deren Hof an die Fichtenwälder grenzte.

In den drei Gebäuden lebten seit mehr als hundert Jahren drei Familien: Hradskys, Blaschkos und Kratschinskys. (Slowakisch geschrieben Hradský, Blazko, Kracinský)

Hradskys waren immer Landleute gewesen, hatten viel Acker, Wiesen und Obstgärten, und als die Eisenbahn noch nicht ging, waren sie als Fuhrleute bis nach Wien gekommen.

Blaschko war Müller. Wasser hatte er immer genug. Er mahlte für das ganze Dubravatal und die Umgegend.

Kratschinskys waren Weber; sie webten Leinwand und Wollzeug. Außer der Hütte besaßen sie nur einen kleinen Garten und ein einziges Feld. Nie hatten sie sich etwas dazuerworben.

Die drei Familien lebten jahrelang als gute Nachbarn, fast wie eine Familie. Sie halfen einander bei der Arbeit; was einer nicht hatte, das lieh ihm der andere. In den drei Häusern gab es immer viele Kinder. Sie spielten miteinander, hüteten gemeinsam das Vieh und gingen, als sie größer wurden, zusammen zum Tanz, kurz, sie teilten miteinander Freude und Leid, wie es gerade kam.

Jetzt war es aber etwas anders. Der Weber Kratschinsky hatte eine kinderlose Witwe hinterlassen, die ein fremdes Kind als ihren eigenen Sohn aufgezogen hatte. Bei Blaschkos lebten von der zahlreichen Familie nur noch Martin Blaschko, seine Tochter Marischka (= Mariechen), zwei kleine Söhne und der Sohn des älteren Bruders, Mischko.

Dagegen war bei Hradskys die Familie groß. Da war der Großvater Andrej (Andreas) Hradsky, sein Sohn Thomas, der jetzige Eigentümer des Hauses, dann die Tochter Anna, die in der Stadt P. schon als Kind gedient hatte und nun dort verheiratet war, ferner des Thomas Frau Katharina und ihre beiden Söhne Andrej und Stephan, ersterer mit seiner Frau Betka und zwei kleinen Kindern. Menschen genug! Aber Hradskys konnten am leichtesten die zahlreiche Familie ernähren.

Bessere Freunde konnte man nicht leicht finden als Stephan Hradsky, Mischko Blaschko und Peter Kratschinsky, und allen dreien war eine gute Freundin Marischka Blaschko. Zwar gerieten die Väter in Streit wegen eines Grenzsteines, von dem Hradsky behauptete, Blaschko habe ihn versetzt; Frau Kratschinsky mischte sich auch hinein, und drei Jahre lebten sie in Zwietracht. Die Kinder aber ließen trotzdem nicht von ihrer Freundschaft. Und dabei besaßen sie so verschiedene Charaktere, daß es zum Verwundern war, daß sie sich so gut vertrugen.

Stephan war ein guter Schüler gewesen. Auch nach Beendigung der Schulzeit las er noch gerne. Später fuhr er gern nach Wien oder Südungarn, weil er dort hören konnte, was es Neues in der Welt gab. Inmitten der Jugend war er fröhlich, sonst aber oft nachdenklich und ernst. Er sann über Dinge nach, über die ihm im Dubravatal niemand hätte Aufschluß geben können.

Mischko Blaschko war viel an der Schule vorbeigegangen. Er quälte sich nicht viel mit Gedanken; aber er war gutmütig, und die Leute hatten ihn lieb.

Peter Kratschinsky war als kleiner Junge sehr ungezogen gewesen. Zur Schule hatte ihn seine Pflegemutter nicht schicken können. Lesen und Schreiben lehrte ihn der alte Blaschko.

Als er zum jungen Mann herangewachsen war, hütete sich jeder, mit ihm in Streit zu geraten, denn da gab´s Prügel. Er gehorchte niemandem außer Stephan und der Marischka, diese durfte ihm alles sagen. Obgleich sie jünger war als die drei Burschen, war sie doch von allen dreien geachtet.

So lebten die drei Familien zufrieden und, was die jungen Leute betrifft, recht vergnügt dahin. Da geschah etwas, was niemand erwartet hatte: Stephan wurde zum Militär eingezogen. Ach, da gab´s Tränen! Die Mutter und die ganze Familie meinten, sie überlebten es nicht. Die Kameraden trauerten, und auch er selbst weinte, wenn es niemand sah. Wenn er in die schöne, freie Natur blickte und sich vorstellte, drei Jahre in der Stadt sein zu müssen, so schnürte es ihm das Herz zusammen.

Marischka tröstete ihn. „Du wirst die Welt sehen“, sagte sie; „vieles kannst du lernen, was du bei uns nie gehört hättest. Du und auch ich werden gar nicht wissen, wie schnell die Zeit um sein wird.“

Sie hatte recht. Ein Tag verging nach dem andern, eine Woche nach der andern. Hradskys lernten ohne Stephan zu leben und gewöhnten sich daran, seine Hilfe zu entbehren; sie trauerten nicht mehr. Sie sagten sich: „Es nützt ja nichts, es muß eben so kommen“, und warteten auf seine Briefe.

Auch Stephan lebte sich in der Fremde ein.

2. Der Schwärmer

Das erste Jahr verging schnell. Er hatte viel zu lernen; nicht nur deutsch sprechen, sondern auch lesen und schreiben. Weil er ein geschickter Mensch war, wurde er im zweiten Jahr Bursche bei einem jungen Offizier, und es ging ihm in leiblicher Hinsicht bei seinem jungen, ausgelassenen Herrn gut. Aber seine Briefe in die Heimat wurden immer seltener; stets entschuldigte er sich, er habe keine Zeit.

Er hatte auch keine Zeit; denn jede freie Stunde brachte er in fröhlicher Gesellschaft zu, in die ihn sein Herr mitnahm. Keiner von den Offizieren, die da zusammenkamen, glaubte an einen Gott.

Als Stephan manches hörte und sah, wovon er daheim geglaubt hätte, Gott müsse solche Menschen auf der Stelle töten, und doch tat Gott diesen Herren nichts, vielmehr ging ihnen alles nach Wunsch, da hörte er auch auf, an Gott zu glauben. Er hörte auf, seine gelernten Gebete zu sprechen. Sein Herr hatte ja gesagt, das Gesetz Gottes sei nur für Weiber und Kinder und die dummen Bauern.

Dabei sah und hörte Stephan die Menschen um ihn her lügen, verleumden, falsch schwören, den Sonntag entheiligen, stehlen, in Unzucht leben, und es geschah ihnen nichts. Die Männer hintergingen ihre eigenen Frauen, die Frauen ihre Männer. Er selbst mußte seinem jungen Herrn öfters zu einer

Zusammenkunft mit der hübschen Frau eines älteren Offiziers behilflich sein.

Aber immer lief es nicht gut ab; der Offizier mußte fort, und Stephan bekam einen anderen Herrn. Der war verheiratet und ernster und las viel. Als er sah, daß Stephan auch gern las, borgte er ihm Bücher und Zeitungen.

Von diesen Büchern wurde Stephan überzeugt, daß es keinen Gott gebe, keine Ewigkeit, keinen Himmel und keine Hölle, und daß der Mensch nur dafür sorgen müsse, daß es ihm hier auf Erden gutgehe, da es ein anderes Leben nicht gebe. Da war er froh; denn bis jetzt hatte er sich doch immer noch vor einem Unsichtbaren gefürchtet. Nun konnte er alles tun wie die anderen; ein Gott sah ihn ja nicht, und wenn er sich vor den Menschen in acht nahm, würde ihm schon nichts geschehen.

Gleich am nächsten Sonntag betrank er sich. Er versuchte auch das Kartenspiel, und so ging es mit ihm tiefer und tiefer in die Lustbarkeiten hinein. Daß er dabei die schöne, frische Farbe der Wangen verlor und sein ehemals so ernster und freier Blick unstet umherirrte wie der eines Menschen, der immer etwas verbergen muß, darauf achtete niemand.

Wer kümmert sich auch um die armen Soldaten? Man schart sie nur zusammen, damit, wenn einmal große Herren Streit bekommen, jemand da ist, der sich an ihrer Stelle erschießen oder erschlagen lassen kann. Der Soldat braucht keine unsterbliche Seele zu haben, wenn er nur gesunde Glieder und den Kopf auf dem richtigen Fleck hat. (Möge das herbe Urteil der Verfasserin dazu dienen, daß die Gläubigen in Österreich-Ungarn sich der Soldatenmission mehr widmen.)

* * *

Am Anfang des dritten Jahres war Stephan schon so weit, daß er sich von seinen ausgelassensten Kameraden nur darin unterschied, daß er sich noch nicht mit Mädchen eingelassen hatte. „Es bliebe mir doch keine treu“, dachte er, „und hintergehen lasse ich mich nicht.“

„Du mußt nicht besser sein wollen als wir“, sagten die Kameraden und drangen auf ihn ein, verspotteten ihn und setzten ihm solange zu, bis in ihm das Verlangen nach der Sünde rege geworden war; nur noch ein kleiner Schritt trennte ihn von ihr.

Der Sonntagabend kam. Die Soldaten benutzten ihre freie Zeit und trieben sich in den Straßen und Wirtshäusern der Stadt herum. Auch Stephan wollte in eine Kneipe gehen und von dort an einen Ort, wo er für immer seine Würde begraben wollte.

Wie er so in die Nähe eines großen Hauses kam, hörte er Gesang. Er müßte kein Slowake sein, wenn er nicht stehenbliebe. (Die Slowaken werden die „singende Nation" genannt wegen ihrer Sangeslust.) Es war ihm, als käme ihm aus weiter Ferne eine Erinnerung an eine bessere, reinere Zeit in seinem Leben. Da drinnen sangen sie ja ein lange nicht mehr gehörtes, aber wohlbekanntes Lied. Stephan schaute zu den erleuchteten Fenstern; er erinnerte sich, daß Adventszeit war. Da öffnete jemand die Tür, es gingen zwei oder drei hinein; drinnen saßen Männer und Frauen. Stephan merkte, daß es keine Kirche war, aber daß man doch dort Gott diente, dem Gott, an welchen zu glauben er aufgehört hatte.

Schon tat er einen Schritt, um weiterzugehen, da berührte seine Hand eine kleine Kinderhand, und eine helle Stimme sagte herzlich: „Komm du doch auch herein!"

„Darf da denn jeder hinein?" fragte Stephan das Kind. „Ja gewiß, komm nur!" Der Knabe führte ihn in einen warmen, schön erleuchteten Raum. Eben war der Gesang beendet. Ein alter Mann stieg auf das Rednerpult, öffnete das Buch und las: „Schicke dich, Israel, und begegne deinem Gott! Denn ich weiß euer Übertreten, des viel ist, und eure Sünden, die stark sind!" Amos 4, 12 u. 5, 12. Die Stimme des Mannes klang wie Donnerrollen und drang dem Stephan ins Herz. Der Prediger schilderte die Sünde, wie Stephan sie kannte, tat nichts davon und nichts dazu, und dem jungen

Mann war es, als schaute die ganze Versammlung auf ihn, als der Greis ausrief: „Wenn du auch, Verirrter, an keinen Gott glaubst und Ihn leugnest, Er existiert doch, mächtig, heilig, allwissend, ewig; und einmal wird Er dir begegnen, ja dir! Schicke dich an, Ihm zu begegnen, bringe keine Ausrede; Er kennt alle deine Sünden! Er hörte und sah alles. Er schaut in dein Herz und sieht, was du heute zu tun gedenkst!"

Der Greis sprach noch weiter; aber der totenblasse Stephan hörte nichts mehr. Wie betäubt ging er mit den anderen hinaus; aber in das Wirtshaus konnte er heute nicht mehr und morgen auch nicht.

Wie er die nächste Woche zubrachte, läßt sich nicht beschreiben. Wo er ging und stand, folgte ihm die Donnerstimme: „Schicke dich, deinem Gott zu begegnen!" Das Essen schmeckte ihm nicht, Trinken noch weniger; und schlafen konnte er nicht. Die schmutzigen Reden und das Fluchen seiner Kameraden ekelten ihn an. Er fühlte, daß Gott lebt und daß er selbst ihm begegnen müsse.

Im Laufe der Woche traten ihm alle seine Sünden vor Augen, womit er Gott daheim und hier erzürnt hatte; sie drückten ihn so furchtbar, daß er fast verzweifelte. Hundertmal fragte er sich: „Warum bin ich auch da hingegangen?"

Als aber der Sonntag kam, war er unter den ersten, die in die Versammlung gingen. Der Gottesdienst hatte noch nicht begonnen; die Anwesenden flüsterten zusammen. Neben Stephan nahm ein freundlicher junger Mann Platz und fragte teilnehmend, was ihm fehle. Stephan vermochte nicht zu antworten. Da fing jener an, ihm von dem Sohn Gottes zu erzählen, so schön, wie Stephan noch nie von Christus hatte reden hören. Da gestand er ihm unwillkürlich seine Angst. Viel konnte er nicht sagen, denn schon begann der Gesang. Diesmal stieg auf die Kanzel ein junger Mann und begann zu lesen: „Kommet her zu mir alle, die ihr mühselig und beladen seid. Ich will euch erquicken!"

Diesen Spruch kannte Stephan von Kind auf; aber erst jetzt verstand er ihn; denn er wußte, was es heißt, mühselig und beladen zu sein. Nie hatte er bedacht, wer ihn so ruft, Jesus Christus, der Sohn Gottes und Heiland der Welt.

Was für ein Heiland! Ach, der Prediger sprach so von ihm, daß Stephan ihn gleichsam sah, wie er voll göttlicher Liebe die Arme nach ihm ausbreitete und rief: „Komm her zu mir!" „Der Herr Jesus will auch dir helfen", rief der Prediger, „komm zu ihm! Du bist mit der Sünde beladen, und die Sünde verdirbt dich. Komm zu ihm, bekenne alles! Er wird dir die drückende Last abnehmen; ‚denn des Menschen Sohn ist gekommen, zu suchen und selig zu machen, was verloren ist.'"

Stephan glaubte es, daß ihn der Sohn Gottes selbst durch den Mund seines Dieners rufen ließ, und als die anderen sangen, fiel er auf seine Knie und bekannte dem Herrn Jesus alles, alle seine Sünden, und dann bat er mit bitteren Tränen um Vergebung und Gnade. Und wie die Sonne durch finstere Wolken mit ihren Strahlen bricht und die Wolken verscheucht, so schwand auch seine Angst. Ein nie gekannter Friede und unaussprechliche Freude zogen in sein Herz hinein. Er wußte, daß er ein großer Sünder war, aber auch, daß ihm alles vergeben wurde und er Gnade erlangt hatte.

Gleich am andern Tage kaufte er sich ein Neues Testament, und es verging keine Versammlung, die er nicht besucht hätte, soweit es der Dienst ihm erlaubte.

So kam das Ende des dritten Jahres. Stephan, der früher daran gedacht hatte, ganz beim Militär zu bleiben, konnte jetzt den Tag nicht erwarten, an dem er endlich nach Hause durfte, um die frohe Botschaft, wie gut Gott ist und welch wunderbarer Arzt der Seele der Herr Christus ist, den Seinen bringen zu können. Er kam sich vor wie der gesund gewordene Gerasener, dem der Herr Jesus sagte: „Gehe hin in dein Haus und zu den Deinen und verkündige ihnen, wie große Wohltat dir der Herr getan hat!"

* * *

Endlich kam die Entlassung. Eltern, Verwandte und Kameraden begrüßten den aus der Fremde Heimkehrenden. Die Mutter konnte sich nicht satt an ihm sehen. Wie stattlich war er gewachsen, wie fein benahm er sich, und wie klug konnte er reden!

Doch es vergingen kaum zwei, drei Wochen, da munkelte man in den drei Häusern unter sich, Stephan habe vom Militär einen neuen Glauben mitgebracht. Er wollte nicht mehr trinken, auch nicht zum Tanz gehen. Jeden Morgen und Abend betete er und las das Wort Gottes. Man hörte ihn nicht fluchen, und es war fast kein Mensch, mit dem er nicht schon vom Sohn Gottes gesprochen hätte; ja er dachte fast an gar nichts anderes als an ihn.

Die ersten Tage sagte Hradsky seinem Sohn nichts; als der ihn aber bat, er möge doch auch in der Bibel lesen und nicht nach jedem Wort fluchen, er solle sich mit Blaschko versöhnen, da fuhr er Stephan böse an. Wenn sein Bruder Andrej betrunken nach Hause kam, ermahnte Stephan ihn, so wurden er und seine Frau auch böse auf ihn. Als Stephan sah, daß seine Mutter hinter dem Rücken des Vaters verschiedenes verkaufte, und er ihr sagte, daß das Sünde sei, wurde auch sie zornig. So blieb Stephan im ganzen Hause niemand als der Großvater; er war der einzige, der sich nicht satt hören konnte an den guten Worten, die Stephan redete. Da sie tagsüber vor Arbeit keine Zeit hatten, sich zu sprechen, taten sie es nachts.

Stephan ging auch gleich in den ersten Tagen Blaschkos besuchen. Blaschko war ein rechtschaffener Mann. Er las fleißig die Bücher Tobias und Hiob und die sonntäglichen Texte. Die Leute hielten ihn für einen klugen Mann, und er hielt sich auch dafür. Was Stephan ihm von Jesus erzählte, war ihm ganz neu; da er es aber mit Stephan nicht aufnehmen konnte und merkte, daß der junge Mann viel mehr aus Gottes Wort wußte als er, der Ältere, ärgerte er sich und verachtete Stephan. So oft er kam, zankte Blaschko sich mit ihm herum.

Bei einer solchen Gelegenheit sagte Blaschko: „Wenn ein Mensch nur auf Gott vertraut und sich ehrlich durchschlägt, wird Gott ihm nach dem Tode schon alles vergeben; aber wer kann, solange er lebt, wissen, daß ihm die Sünden vergeben sind?"

„Ich weiß es, Onkel!" (eigentlich: Onkelchen. Die Slowaken lieben diese Zärtlichkeitsform und sagen meist: Väterchen, Mütterchen, Tantchen, Freundchen usw.) bezeugte Stephan freudig.

„Schweig und lästere Gott nicht!" fuhr Blaschko ihn an.

„Ich lästere Gott nicht, Onkel; der Herr Jesus sagt: ‚Kommet her zu mir alle, die ihr mühselig und beladen seid, ich will euch erquicken!' und sagt auch ‚Wer zu mir kommt, den werde ich nicht hinausstoßen!' Nun, wenn Ihr jemanden zu Euch ruft und ihm ein Stück Brot geben wollt, so wünschtet Ihr doch auch, daß er wirklich kommt; und wenn er gehorcht und kommt, so werdet Ihr ihm das Brot geben, und er wird wissen, daß Ihr es ihm gegeben habt. Als der Herr Jesus mich rief und mir Gnade geben wollte, da glaubte ich ihm und kam zu ihm und erhielt von ihm Gnade und Vergebung der Sünden. Er nahm mir meine Last ab. Ich war von der Sünde gebunden; Er machte mich los. So muß und soll jeder Mensch wissen, ob der Herr Jesus ihm die Sünden vergeben hat oder nicht. Weiß er es nicht, so sind sie ihm eben nicht vergeben."

„Du bist ein selbstgerechter Pharisäer, ein richtiger Schwärmer!" schrie Blaschko.

Die Jungen hörten das, sagten es den anderen Kindern, und so blieb ihm im Dubravatal der Name „Schwärmer".

3. Eine Begegnung

Über der schönen Welt war ein Winternachmittag angebrochen. Die Natur erinnerte an eine Braut, geschmückt mit weißem Schleier, angetan mit einem Schneekleid, geziert mit Perlen- und Diamantengeschmeide. Die Sonnenstrahlen küßten die schöne Natur. Im Gebirge lag tiefer Schnee, und im Dorf glich jede alte Hütte einem Häuschen mit kristallnem Dach. Die Erde war in Unschuld und Stille gekleidet.

Durch diese märchenhafte Stille eilte über eine in Eis schimmernde Brücke Marischka Blaschko, sauber und nett gekleidet, in weiß- und buntstrahlender Tracht. Es war Sonntag, und sie wollte zum Tanz.

Wie sie so über die Brücke ging, fiel ihr Blick auf Hradskys stilles Haus. Ihr wurde weh ums Herz. Sie ging zum Tanz; aber Stephan, ihren alten guten Kameraden, würde sie dort nicht finden. Sie wußte, daß sie ihn nie mehr dort treffen würde.

Wäre er doch lieber gestorben, als sich so zu ändern! Daß aus einem so schmucken Burschen ein solcher Schwärmer werden mußte, allen Leuten zum Spott! Ach, wie schade um Stephan!

Das Mädchen schaute auf das stille Haus mit unverhohlenem Schmerz. Wer weiß, was er jetzt macht! „Seitdem ihn die jungen Leute verspottet hatten, als er mit ihnen aus der Kirche ging und über seine Irrlehren sprach, ging er nicht mehr zur Kirche. Und zu Hause durfte er nicht mehr beten", so hatte seine Schwägerin gerühmt, „alle legen ihm Hindernisse in den Weg, außer dem Großvater."

Der arme Stephan! Wie konnten aber auch solche dummen Schwärmereien in seinen Kopf kommen! Er hatte eben schon immer zuviel nachgedacht. „Vielleicht", dachte das Mädchen und ging weiter, „wenn der Vater mir nicht verboten hätte, mit ihm zu sprechen, auf mich würde er schon hören. Ich würde ihn über alles befragen, wie er zu seinen Irrlehren gekommen ist; ich würde sie ihm schon ausreden; sie sind alle bloß so häßlich zu ihm, deswegen bleibt er so eigensinnig." Wie hatte sie sich die ganzen Jahre auf ihn gefreut und gewartet, wenn er nur käme! Und nun war er schon Wochen da, und außer einem Gruß hatte sie weiter noch kein Wort von ihm gehört.

In Gedanken vertieft, schritt das Mädchen weiter. Der Weg führte durch den Wald, der im Schmuck des Schnees prangte, um einen gefrorenen Wasserfall, der aussah wie lauter Kristalltrümmer. Das Wasser hatte heruntergeschäumt, bis es gefroren war.

In der Nähe des Wasserfalls stand ein verfallenes altes, sehr altes Haus. Es war einst eine Papiermühle; noch konnte man sehen, wo die Zimmer gewesen waren. Im Sommer wucherten Hopfen und anderes Gesträuch darüber; jetzt, wo der Schnee darauf gefallen und gefroren war, schien es wie von Kristall überzogen. Um die Ruine sprudelte im Sommer der muntere Bach; heute war er nicht zu sehen. Über dem Bach auf dem Felsen stand ein Kreuz zur Erinnerung an das furchtbare Ereignis, daß hier einst ein Unschuldiger für seinen schuldigen Bruder das Leben ließ.

Das Mädchen sah sich nach allen Seiten um. Es war ein unangenehmer Ort, zum fürchten; denn alle Frauen (so erzählte man sich wenigstens), die im Dubravatal zaubern konnten – und deren waren genug –, gingen hierher zaubern. Aber Marischka Blaschko vergaß Ort und Zauberei, als von der Sonne beschienen hinter dem Bach – Stephan Hradsky auftauchte. Ihr Herz wollte stehenbleiben vor freudiger Überraschung und wunderbarer Beklemmung. Stephan stand vom Sonnenlicht umflossen und war so in den Anblick der schönen Landschaft, die sich ihm durch eine Lichtung zeigte, und des blauen Himmels darüber versunken, daß er Marischka gar nicht bemerkte.

„Ach, was mache ich“, dachte das Mädchen, „mich verlangt so, mit ihm zu sprechen; Gott der Herr hat ihn selbst mir in den Weg geschickt, und jetzt gehe ich rasch zu ihm; er muß mit mir zum Tanz kommen.“

„Guten Tag (slowakisch: Guten Nachmittag),

Stephan! Was machst du hier?“ riefen fröhlich die rosigen Lippen.

Der in Gedanken versunkene junge Mann fuhr zusammen.

„Marischka! Du bist es? Pán Boh daj!“ („Gott der Herr gebe!“ so erwidern die Slowaken den Gruß.) Er sprang zu ihr auf den Weg; sie reichten sich die Hände.

„Komm mit mir, Stephan!“

„Wohin?“

„Wohin? Wo die andern hingehen – zum Tanz!“

„Du gehst zum Tanz, Marischka?“ Er wurde traurig.

„Freilich, und ich bitte dich, geh mit mir! Du brauchst ja nicht zu tanzen, wenn du nicht willst; aber komm wenigstens zusehen, damit die Leute sehen, daß du kein Schwärmer bist, wie sie dich beschimpfen. Komm, Stephan!“

Sie nahm seine Hand in ihre beiden weichen, warmen Hände, und es war „sie“, die schon dem Knaben teuer war, und die er als junger Mann nie vergessen hatte. Sie schaute ihn an mit dem Blick, durch den sie schon in den Kinderjahren von den drei Kameraden alles erreichen konnte, besonders von ihm. „Komm, Stephan!“

Er wurde blaß und rot. Es wurde ihm so seltsam zumute, als er nach Wochen das erste freundliche Wort hörte, und gerade aus diesem Munde. Und doch schüttelte er den Kopf. „Ich gehe nicht!“

„Aber Stephan, warum nicht? Was haben wir dir getan, daß du uns so verachtest?“

„Denke nicht, Marischka, daß ich euch verachte; aber ich habe sonntags und beim Tanz soviel gesündigt“, antwortete Stephan und schaute das Mädchen mit traurigem Blick aus seinen treuen Augen an. „Als ich dann die große Sünde erkannte, lag es wie ein Stein auf meinem Herzen. Ich konnte die Augen nicht zum Himmel erheben. Aber der Herr erbarmte sich, Er vergab mir alles, Er wusch mich ab von dem Schmutz, und jetzt sollte ich wieder hineingehen und das rein gewaschene Bild Gottes in mir beschmutzen und meinen Vater im Himmel so sehr betrüben? O nein!“

„Du meinst also, daß wir damit sehr sündigen und Gott erzürnen?“ sagte das Mädchen ärgerlich. „Wenn es wirklich Sünde wäre, warum verbietet es uns dann der Herr Pfarrer nicht? Der muß die Heilige Schrift doch besser kennen als du. Warum fragte der Herr Pfarrer so freundlich, als er mir letztens begegnete, als ich vom Tanz heimkehrte: ‚Hast viel getanzt, Marischka?‘ Mein Vater sagt, daß uns in der Kirche genug gute Lehren gegeben werden, damit sollten wir uns begnügen. Die Pfarrer sind doch dazu da, daß sie uns zeigen, was wir tun müssen, um in den Himmel zu kommen.“

„Du hast recht, Marischka, dazu sind sie da, und ich denke, es gab immer und gibt noch jetzt solche, die es tun. Es gab aber auch andere, von welchen der Herr Jesus sagte, daß sie blinde Führer seien, und wenn ein Blinder den andern führt, werden sie beide in die Grube fallen. Denke doch daran, daß es Priester waren, die den Herrn Jesus in den Tod trieben, als sie Pilatus zwangen, ihn kreuzigen zu lassen. Vor Gott besteht nicht alles, was ein Pfarrer tut und predigt, und es ist nicht immer so gut und heilig, daß ich mich danach richten könnte. Nimm dir das Beispiel: Der Pastor ist nicht allwissend wie Gott, er will durch diesen Wald gehen, kennt aber den Weg nicht; denn sonst geht er nicht hier. Mir ist der Weg aber bekannt, weil ich ihn nicht das erstemal gehe. Kommst du nun in diese Wälder, wem würdest du dich anvertrauen: ihm, daß ihr beide irre geht, oder mir, daß wir durchkommen? Schau, Marischka, solange ich zu Hause war, ließ ich mich vom Herrn Pfarrer leiten; da er aber den schmalen Weg über Golgatha nicht kannte, irrten wir alle beide. Jetzt lasse ich mich nicht mehr blind von ihm leiten; denn ich habe nun einen besseren Führer, der mir sagt: ‚Folge mir nach! Kommet her zu mir alle, die ihr mühselig und beladen seid. Wer mir nachfolgt, der wird nicht wandeln in der Finsternis, sondern wird das Licht des Lebens haben!'"

„Aber Stephan", sagte Marischka erregt, „wie kannst du dich so überheben und behaupten, unser Pfarrer kennt den rechten Weg nicht, und nur du kennst ihn!"

„Ich sage ja nicht, daß nur ich ihn kenne", verteidigte sich Stephan, „es gibt gewiß viele Seelen außer mir, und auch Pfarrer, die den Weg kennen. Aber das sage ich, daß unser Herr Pfarrer den Weg nicht kennt, sonst würde er euch besser darauf leiten und selbst vorangehen. Er würde nicht gutheißen, vormittags in der Kirche Gott zu dienen und nachmittags im Wirtshaus dem Teufel; er würde euch vielmehr erklären, was der Herr Jesus meinte, wenn er sagte: ‚Niemand kann zwei Herren dienen.' Er würde euch nicht in Trunksucht untergehen lassen, da er weiß, daß die Trunkenbolde das Reich Gottes nicht ererben können.

Aber reden wir nicht weiter davon; ich will niemanden richten. Aber dich, Marischka, bitte ich, schaue nicht nur auf Menschen; denn es steht geschrieben: ‚Verflucht ist der Mann, der sich auf Menschen verläßt!' O Marischka, bedenke, daß Gott spricht: ‚Ihr sollt heilig sein; denn Ich bin heilig.' Kann ein Mensch, der heilig sein will, in ein Wirtshaus gehen, in ein Haus voll Tabaksdunst, Schnapsgeruch und Lärm? Kann er dort trinken, Tanzen und schmutzige Reden anhören oder selbst führen? Wahrhaftig, nein! Könntest du dir vorstellen, daß Maria, die zu Jesu Füßen saß, oder die heiligen Frauen, die ihm nachfolgten und ihm von ihren Gütern dienten, ins Wirtshaus gingen? Und sie waren doch Menschen wie wir; heilig waren sie nur, weil sie an den Herrn Jesus glaubten und ihn liebten, ihm dienten und gehorchten. Das alles kannst und sollst auch du, Marischka! Solange ich dich kenne, bist du immer gut zu den Menschen gewesen; wann endlich wirst du deinem Heiland gut werden, wann willst du den Herrn Jesus lieben von ganzem Herzen und ihm dienen? Zwei Herren kannst du nicht dienen, entweder der Welt oder ihm.

Wenn du wüßtest, welche Freude es ist, vom Weltdienst befreit zu sein und ihm zu gehören! Schau, zu Hause haben sich alle von mir abgewandt, weil sie der Welt dienen, ich aber Gott dienen will. Außer dem Großvater habe ich niemanden mehr, obwohl ich Eltern, Geschwister und Verwandte genug habe. Auch ihr, meine liebsten Freunde, habt mich verlassen. Ihr flieht mich wie die Pest; keiner bleibt stehen, um ein Wort mit mir zu reden. Zu Hause habe ich kein Plätzchen, wo ich ungestört Gott dienen könnte. Ich bin in meiner Heimat wie ein Fremder; aber weil ich den Herrn Jesus habe, bin ich doch sehr reich und manchmal recht glücklich. Gerade, ehe du jetzt kamst, dachte ich über Seine große Liebe zu mir nach; ich schaute auf ihn, wie er hingegangen ist, mir eine Stätte zu bereiten. Ich will dir gestehen, daß mir die Widerwärtigkeiten zu Hause schon zuviel wurden. Ich wollte im hinteren Zimmer Gottes Wort lesen, da machte Betka absichtlich Lärm; ich ging ins vordere Zimmer, da trieb mich die Mutter hinaus, sie wollte nicht, daß ich ihr aus der Stube eine Kirche mache. In der Kammer ist es zu finster. Viele böse Worte mußte ich heute schon hören. Wenn dann der Vater von der Kirche zurückkommt, wird er betrunken sein, da gibt es wieder Lärm. Ich nahm deshalb die Bibel und ging hierher; der Großvater hat versprochen, mir nachzukommen.

Über das alles dachte ich dort oben nach und sprach bei mir: „Herr, solange ich Dir nicht diente und Deine heiligen Gebote mit Füßen trat, ging mir's gut in der Welt, alle Menschen hatten mich gern, und ich konnte mit jedem auskommen. Und jetzt! – Wenn es immer so sein sollte, könnte ich es nicht aushalten." Da stellte mir der Geist Gottes vor Augen, wieviel der Sohn Gottes um meinetwillen leiden mußte, wieviel Schmerzen und Spott, und es war, als fragte Er mich: ‚Du willst nicht auch für mich etwas leiden?'

Da tat es mir leid; ich bat ihm meine Ungeduld ab und versprach, gern um seinetwillen zu leiden, wie er es für mich tat. Sobald ich ihm das versprach, kam große Freude in mein Herz, und über das alles schickte Gott auch dich her.

Schon lange habe ich ihn um eine Gelegenheit gebeten, dich sprechen zu können; denn ich glaube, wenn auch alle im Dubravatal den Herrn Jesus verstoßen sollten, daß du es nicht tun wirst. Ich glaube auch, daß du heute nicht gehen wirst, Ihn zu betrüben, Gott zu beleidigen. Nein, es ist nicht möglich, daß du gehst, es ist nicht möglich!"

Er schwieg; seine innigen, warmen Worte verklangen; zwischen den Felsen wurde es stille. Nicht so im Herzen des Mädchens, das mit gesenktem Kopf dastand. Was in ihr vorging, konnte sie nicht sagen. So wie am Morgen der erste Lichtstrahl in das dunkle Tal fällt, so drang ungeahntes Licht der ersten Erkenntnis in die junge Seele.

Stephan war kein Schwärmer, wie sie alle sagten, weil er den Sohn Gottes liebte und ihm gehorchte. Sie alle waren Schwärmer, die auf dem breiten Wege wandelten. Er hatte recht, wenn er sagte, man könne sich nicht eine von den heiligen Frauen im Wirtshaus vorstellen; ja, sie könnte sich auch Stephan dort nicht mehr vorstellen.

Ja, mußte sie denn hingehen und den Sohn Gottes betrüben? Stephan hatte recht, daß er ihr die ganze Wahrheit sagte. Als sie ihn so von dem Herrn Jesus sprechen hörte, erkannte sie, daß sie ihn nicht liebte und nicht kannte und darum auch nicht ehrte, gerade wie die andern.

„Schau", rief Stephan erfreut, „da kommt der Großvater schon. Es ist nicht sehr kalt, wir setzen uns dort in die Stube; ich habe meine Soldatendecke mitgebracht und werde sie ausbreiten. Da können wir ungestört lesen. Und du, Marischka?"

Sie zitterte. „Ich bleibe bei euch."

„Du bleibst? Preis dem Herrn! Glaube mir, du

wirst es nie bereuen, daß du dich dazu entschlossen hast."

Einige Augenblicke beleuchtete die Sonne ein prächtiges Bild: einen silberhaarigen Greis und zu seinen Füßen ein Mädchen, die beide ihre Blicke auf den jungen Mann hefteten, der ihnen aus dem heiligen Buch von dem sicheren Weg vorlas, auf dem auch die Toren nicht irren können; und wo die Erlösten des Herrn wiederkehren werden. Stephan schloß mit einem Gebet, und in lebhaftem Gespräch über die göttlichen Wahrheiten kehrten alle drei heim.

So wurde die erste Versammlung der Schwärmer im Dubravatal abgehalten. Die Welt wußte nichts davon.

4. Ein barmherziger Samariter

Im Städtchen S. war Jahrmarkt gewesen. Unter den vielen betrunken Zurückkehrenden war auch Peter Kratschinsky. Im Gesicht brannte es ihm, und die Augen schauten mit unstetem Blick umher wie bei Menschen, um die sich die Welt im Kreise dreht. Die Füße stolperten einer über den andern; auf dem Rücken trug er einen Packen, in der Hand eine neue Geige.

Von Kindheit an griff Peter gern nach der Geige. Als sie als Kinder zusammen weideten, hatte er sich selbst ein solches Instrument gefertigt, und seitdem ruhte er nicht, bis er eine wirkliche Geige hatte. Schon vor drei Jahren konnte er ziemlich gut spielen, heute würde sich Stephan wundern, wie weit er es gebracht hatte. Jedes Lied, das er hörte, konnte er gleich spielen.

Frau Kratschinsky brauchte nun nicht mehr zu schimpfen, daß Peter damit unnütz seine Zeit vergeude. Er verdiente jetzt mit seinem Spielen bei Hochzeiten und in Gasthäusern oft mehr als am Webstuhl. Daß er dabei sehr leichtsinnig lebte, wer kümmerte sich darum; die andern jungen Leute waren ja auch nicht besser.

Peter war als Knabe sehr häßlich gewesen; so ein „grüner Frosch", wie die Frauen sagten. Aber jetzt war er von hübscher elastischer Gestalt; und wäre

Frau Kratschinsky nicht eine Witwe gewesen, man hätte ihn sicherlich zum Militär geholt. Er hatte ein fast vornehmes Gesicht, weiß und rot, blaue Augen und dunkles, dichtes Haar. Die Leute sagten, er müsse schöne Eltern gehabt haben.

Heute war er Leinwand verkaufen gewesen, um sich dafür die Geige zu kaufen. Frau Kratschinsky war auf den Gedanken gekommen, ein Wirtshaus zu eröffnen. Die Musik könnte bei ihnen sein, und Peter würde die erste Geige spielen, so würden sie mehr verdienen. Schon das ganze Jahr beschafften sie sich Ziegel und Holz; im Frühjahr würden sie die Stube bauen.

Peter schritt weiter. Wenn er ausglitt, fluchte er. Die andern Leute waren ihm schon alle voraus. Er begann zu singen und zu jauchzen. Plötzlich läuteten Pferdeschellen hinter ihm. Der Herr Pfarrer kam vom Jahrmarkt zurück mit dem Herrn Lehrer. „Schauen Sie", lachte der Herr Pfarrer, „der hat zu tief ins Glas geguckt."

„Höre", ruft er aus dem Schlitten dem sich verbeugenden Peter zu, „gib acht, daß du nicht in einem Graben übernachtest!"

„Nehmen Sie mich mit, Ehrwürden!" (eigentlich: jejich Milost = Ew. Gnaden) bat Peter.

„Wärst du nicht betrunken, warum nicht?"

„Mit einem Trunkenbold kann doch der Herr Pfarrer nicht fahren!" antwortete strafend der Herr Lehrer.

„Schön gefahren!“ sagte da jemand lachend.

Peter wurde zornig, wie gewöhnlich, wenn zwei einen beschämen und ein dritter lacht ihn noch aus. Er wandte sich um. Hinter ihm stand der Glaser mit halbleerem Korb, aber mit einem fast ebenso vollen Kopf wie Peter.

„Mein werter Herr, mit dem Herrn Pfarrer will er fahren?“

„Halt den Mund!“ schrie Peter.

„Willst du mir was sagen?“ brüllte der Glaser.

Noch zwei, drei Worte, da warf Peter seine Geige fort, entriß dem Glaser seinen Korb und warf ihm die Gläser auf den Kopf; sie kamen ins Handgemenge. Jeder prügelte den andern, bis der Glaser seinen Stock nahm und damit Peter so auf den Kopf schlug, daß dieser hinfiel und bewußtlos liegenblieb. Der Glaser erschrak und eilte davon.

An der Landstraße lag Peter auf seinem Gesicht, neben ihm die Geige, das Bündel, Glasscherben und Blutflecke.

Es wurde Abend. Ein Schlitten nach dem andern fuhr vorbei, aber die fröhlichen Menschen drinnen hatten schon trübe Augen.

Endlich kam noch einer. Der, der ihn lenkte, sang nicht. Unweit eines Steinhaufens mußte er am Pferd etwas in Ordnung bringen; er sprang hinunter, da sah er am Boden eine Geige, er spähte weiter – da lag ein Mensch. Er bückte sich nieder, hob ihm den Kopf und drehte ihn um. „Peter!“ rief er erschrocken. Er rieb ihm mit Schnee das Blut von der Stirn, da schlug der Betäubte die Augen auf.

„Peter, du lebst? Gott sei Dank!"

„Bist du´s, Stephan? Wo bin ich?"

„Du liegst auf der Landstraße, ganz blutig. Bist du gefallen? Oder was ist geschehen?"

„Ach, jetzt weiß ich´s. Ich habe mich mit einem Lumpen geprügelt, und der hat mich niedergehauen." Peter fing an zu fluchen.

„Fluche nicht!" Stephan legte ihm die Hand auf den Mund. „Gott hat sich über dich erbarmt und dich vom Tode errettet; denn wenn ich nicht durch Gottes Fügung länger in der Stadt aufgehalten worden wäre, so müßtest du hier liegenbleiben und erfrieren. Und kaum tust du die Augen auf, so sündigst du schon wieder, anstatt Gott zu danken."

Die strengen, wahren Worte berührten den nüchtern Gewordenen seltsam. Der sie ihm sagte, war sein ehemaliger Freund.

„Komm mit auf den Schlitten, damit wir rasch nach Hause kommen!"

„Du willst mich mitnehmen, obgleich ich betrunken bin?"

„Gerade deshalb, damit du nicht irgendwo für Zeit und Ewigkeit umkommst!"

„Und der Herr Pfarrer wollte mich nicht mitnehmen", dachte Peter; „hätte er mich mitgenommen, so wäre mir das alles nicht passiert."

Er konnte den Kopf kaum aufrecht halten, so

schmerzte er ihn, wie auch die übrigen Glieder; nur mit Mühe kam er auf den Schlitten. Stephan bemerkte es. „Warte", sprach er, „lege dich in den Schlitten, den Kopf auf die leeren Säcke! Womit könnte ich dir nur den Kopf verbinden, daß in die aufgeschlagene Stelle nicht Frost kommt! – Das wird besser sein als nichts." Er nahm sein Halstuch ab und verband die Stirn des Kameraden. Nachdem er ihn mit seinem eigenen Mantel zugedeckt hatte, wodurch er nun selbst der Kälte ausgesetzt war, rief er die Pferde an, und weiter ging die Fahrt.

„Wie er um mich sorgt", dachte Peter, „gerade wie der barmherzige Samariter; und man sagt, er sei ein Schwärmer; ein Schwärmer! – Und er nahm mich auf den Schlitten, sorgt für mich, und seinen eigenen Mantel gab er mir, womöglich ist ihm jetzt selbst kalt."

„Stephan!" rief er plötzlich, als sie langsamer fuhren, „setz dich zu mir, die Pferde finden schon allein den Weg, und sag mir, was mit dir passiert ist, daß du so ganz anders zurückgekommen bist, daß du gar nicht mehr zu uns gehörst? Und was ist es mit dem neuen Glauben? Denn daß du einen anderen Glauben hast, sehe und fühle ich."

Stephan folgte, und wie gern! Er hatte Gott schon wochenlang darum gebeten, daß er einem seiner Kameraden erzählen könnte, wie tief er in Sünden verstrickt war und wie ihn der Herr Jesus aus dem Abgrund gerettet hatte. Daß er es aber gerade Peter erzählen sollte, der selbst im Sündenschlamm watete, das hätte er nicht gedacht. Er setzte sich zu ihm in den Schlitten und legte Peters Kopf auf seine Knie, damit er besser liege; und wie sie so durch die stille Winterlandschaft fuhren unter dem klaren Himmel, da berichtete Stephan alles; um so mehr konnte er dann die Liebe Gottes zu den Sündern rühmen, die auch ihm hatte Gnade widerfahren lassen. Bei der Schilderung seiner Sünde dachte er auch an die des Kameraden, der sie auch noch zum Kreuz bringen mußte, wenn er nicht verlorengehen wollte.

Es schien ihm, als sei Peter vor Schwäche eingeschlafen; er schwieg daher. Aber Peter öffnete die Augen mit dem Ausdruck eines Menschen, der aus tiefem Schlaf aufgestört ist.

„Stephan, denkst du, daß Gott, daß Jesus Christus einem so Elenden wie mir auch verzeihen könnte?"

„O Peter!" Die Stimme versagte Stephan, „du bist kein größerer Sünder als ich. Wenn er mich angenommen hat, dann nimmt er jeden an; denn des Menschen Sohn ist gekommen, zu suchen und selig zu machen, was verloren ist."

Und Stephan erzählte seinem Kameraden, bis sie nach Hause kamen, von den großen Taten Gottes, von Jesus, dem Lamm Gottes, das der Welt Sünde trägt und für die Gottlosen gestorben ist.

Frau Kratschinsky schlief schon. Sie sah und hörte nicht den Sohn kommen. Sie sah nicht, wie Stephan Hradsky ihm die Wunde am Kopf wusch und sie dann in der Küche niederknieten und beteten.

Als sie am anderen Tag Peter mit verbundenem Kopfe liegen sah, dachte sie, es hätte wieder eine Schlägerei gegeben, und er sei betrunken. Aber als er ohne Zorn aufstand und gleich arbeitete, was zu tun war, und den ganzen Tag still war, wie umgewandelt, da fürchtete sie, er möge krank werden. Sie fragte ihn, wer ihm etwas getan habe.

„Ich prügelte mich mit einem, weil er mich ausgelacht hatte; aber es war das letzte Mal. Ich werde mich mit niemandem mehr prügeln."

„Wenn es nur wahr wäre, mein Sohn; denn es kommt wirklich nichts dabei heraus", seufzte die Frau, und dachte dabei: „Wenn die Wunde heil ist, wird's wieder sein wie früher."

Die ganze Woche trug Peter den Kopf verbunden und hatte Schüttelfrost. Deswegen fragte ihn am Sonntag Frau Kratschinsky erst gar nicht, ob er mit in die Kirche gehe, und ging allein. Unterwegs erzählte sie den Frauen, welche Sorge sie um den Sohn habe wegen seiner Ausgelassenheit.

„Ach was", sagte die eine, „Jugend hat keine Tugend; mit den Jahren wird es sich schon geben. Wir waren doch auch nicht anders und leben noch. Lieber so ein schmucker Bursche, den alle gern haben, als ein Schwärmer wie Stephan Hradsky."

„Eher würde ich ihm das Genick umdrehen", beteuerte Frau Kratschinsky.

„Sei unbesorgt!“ lachten die anderen, und eine meinte: „Eher wird ein Heller golden als Peter Kratschinsky heilig.“ Alle lachten darüber, auch noch, als sie aus der Kirche gingen.

Unterdessen saßen bei Kratschinskys zwei junge Männer vor der offenen Bibel und lasen und konnten gar nicht genug bekommen. Dann beteten sie, und einer von ihnen weinte dabei, aber nicht der Stephan.

5. Die Kameraden

„Dem Peter muß der Kopf wirklich weh tun, daß er nicht kommt!“ sagte die Jugend beim Tanz.

„Und wo bleibt Marischka?“ fragten sie den eben eintretenden Mischko Blaschko. „Vorigen Sonntag war sie nicht da, und heute wieder nicht.“

„Ja“, sagte der stirnrunzelnd, „wer weiß, was ihr ihr angetan habt; sie sagte, sie wolle nie mehr zum Tanz gehen.“

„Wir wüßten nicht, daß ihr jemand was getan hätte, sie wird schon wieder gut werden und wiederkommen!“ versicherten die jungen Mädchen.

Die Jugend unterhielt sich ganz gut, auch ohne Peter und Marischka, außer Mischko, der immerfort an die Worte denken mußte, die ihm Marischka beim Weggehen gesagt hatte.

„Gehe nicht, Mischko! Es ist Sünde, zwei Herren zu dienen, Gott und dem Teufel. Es ist Sonntag, und du hörst und siehst dort nichts Gutes. Laß uns beide zu Hause bleiben.“

„Wahrhaftig“, hatte er lachend geantwortet, „daß die Leute sagen, wir seien auch solche Schwärmer wie Stephan!“

Er sah sie noch vor sich, wie sie sich aufrichtete und ihre dunklen Augen vor Überzeugung leuchteten, als sie sagte:

„Stephan ist kein Schwärmer! Das denkst du nur.

Er kennt den rechten Weg, der in den Himmel führt, besser als wir alle. Der ist ein Schwärmer, der Gott nicht gehorcht und den Herrn Jesus nicht liebt." Mit diesen Worten ging sie in die Mühle und ließ ihn stehen.

„Wie kam sie dazu, so zu reden? Woher will sie wissen, daß Stephan kein Schwärmer ist? Sie war doch damals nicht zu Hause, als Stephan beim Vater in der Mühle war und so wunderlich redete, daß der Mensch keine Freude haben dürfe, weil alles Sünde sei?" Es hielt den Mischko nicht lange im Wirtshaus; er ging bald nach Hause.

„Es wird mir wohl nicht schaden, ich brauche ja nicht gleich ein Schwärmer zu werden, wenn ich mal zu Stephan gehe. Wir waren doch immer gute Kameraden, und es tut mir leid, daß wir ihm so aus dem Wege gehen, obwohl er uns nichts getan hat." So dachte Mischko, als er sich Hradskys Haus näherte. „Vielleicht hat Marischka recht. Stephan war immer klüger als wir, und draußen in der Welt hat er noch mehr gelernt. Vielleicht meint er es ganz gut, und wir verstehen ihn bloß nicht. Ich muß wenigstens einmal vernünftig mit ihm reden."

Mischko ging in den Hof; aber da sagten ihm die Kinder, Onkel Stephan sei nicht zu Hause.

Er ärgerte sich; dann dachte er an Peter. Den wollte er besuchen und fragen, was er über Stephan denke.

Er näherte sich der Hütte und hörte Peter die

Geige spielen und jemanden dazu ein geistliches Lied singen. Schnell öffnete er die Tür und blieb einen Augenblick wie angewurzelt stehen.

Dort am Tisch saß der Großvater, neben ihm Stephan und Marischka, die zusammen aus dem Gesangbuch sangen, und Peter begleitete sie auf der Geige.

Der Gesang fesselte Mischko, er setzte sich zu ihnen. Marischka reichte ihm freudig das Buch näher, und sie sangen weiter bis zum Schluß. Dann erzählten sie ihm, daß sie zufällig hier zusammengetroffen seien, um Peter zu besuchen, und jetzt wolle Stephan ihnen aus der Bibel vorlesen und erklären.

„Gut", dachte Mischko, „jetzt werde ich sehen, ob er ein Schwärmer ist oder nicht."

So lasen sie bis zum Abend; und je länger Mischko dem Stephan zuhörte, desto mehr gab er Marischka recht. „Er ist kein Schwärmer, eher sind wir es."

Als die drei ehemaligen Kameraden zu dieser Überzeugung gelangten, zog in ihre Herzen mit doppelter Macht die alte Freundschaft und Liebe, die sie früher an Stephan gefesselt hatte.

„Sieh, mein Sohn", sprach der alte Hradsky zu Mischko, als sie von Kratschinskys weggingen, „wir leben hier – um nicht zu vergleichen – wie das stumme Gesicht (die stumme Kreatur). Wir leben, als wenn gar kein Gott im Himmel wäre. Das, was Stephan mich jetzt lehrt, hätte ich ihn und seinen

Vater schon lehren sollen; aber wie kann ein armer Mensch etwas lehren, was er selbst nicht weiß! In welchen Sünden habe ich gelebt und gegen Gottes Gebot gehandelt, und ich dachte gar nicht, daß es Sünde war; erst jetzt öffnet mir Gott die Augen darüber. – Mein Sohn, bekehre dich auch zu Gott wie Stephan, dann wirst du später nicht so viel zu bereuen haben wie ich."

„Aber Großvater", beschwichtigte Mischko den Alten, der sich die Tränen aus den Augen wischte, „Ihr wart doch immer ein ordentlicher, rechtschaffener Mensch; niemand kann etwas gegen Euch sagen."

„Niemand, mein Sohn, außer Gott dem Herrn; aber der weiß alles. Wenn ich Stephan von der großen Liebe Gottes erzählen höre, kann ich kaum glauben, daß er auch mich geliebt hat, da ich durch das ganze Leben ihm ungehorsam war und ihn betrübte."

Weiter kamen sie nicht im Gespräch, denn Frau Kratschinsky begegnete ihnen. Sie kam erst jetzt vom Kirchgang, obwohl es schon Abend war. Sie hatte noch Besuche gemacht. Im Tuch eingewikkelt trug sie das Gesangbuch. Sie grüßten sich und gingen auseinander.

Am Montag verreiste Blaschko für drei Wochen, um mit getrocknetem Obst zu handeln. Marischka versorgte in der Zeit Mischko und den kleinen Martin.

Zu derselben Zeit fuhr auch Hradsky mit seinem älteren Sohn Andrej ab. Stephan begleitete sie ein Stück und ging dann zu Marischka ausrichten, was ihr der Vater, der ihm eben begegnete, noch sagen ließ. Eben kam auch Peter mit seiner Geige in die Mühle, da fingen sie an zu singen und lasen in der Bibel, und es gefiel ihnen so, daß sie seitdem jeden Abend zusammenkamen, zuerst immer allein; aber andere Leute hörten sie singen, oder es traf sich, daß noch jemand spät in die Mühle kam und Getreide zum Mahlen brachte und dann schließlich sitzen blieb.

Mit Stephan kam immer der Großvater. Peter brachte einen Freund, einen Weber namens Petran mit. Der stammte aus einem anderen Dorf und hatte hierher geheiratet; aber seine Schwiegermutter behandelte ihn schlecht und seine Frau nicht viel besser; so war er froh, wenn er einmal von zu Hause weg sein konnte. Es tat ihm besonders gut, in dem stillen Zimmer in der Mühle zu sitzen und auf die guten Worte zu hören, die Stephan vorlas und erklärte.

Diese wenigen Menschen waren von den bisher nicht erkannten göttlichen Wahrheiten so überwältigt, daß sie die Welt um sich her vergaßen, außer wenn es ihnen gelang, jemanden einzuladen, mitzukommen und den Weg des Heils zu suchen.

Um so mehr kümmerte sich die Welt um sie; und ehe noch die drei bis vier Wochen bis zu Blaschkos und Hradskys Rückkehr verstrichen waren, verbreitete sich in dem ganzen Kopanicen-Gebirge und darüber hinaus das Gerücht, Stephan Hradsky habe einen neuen Glauben aufgebracht, der alte Hradsky, Marischka, Mischko Blaschko, Peter Kratschinsky und Pavel (Paul) Petran hingen ihm schon an, und wen sie nur könnten, verführten sie auch dazu. Wer zu diesem neuen Glauben gehöre, dürfe nicht rauchen, trinken, ins Wirtshaus und zum Tanz gehen, keine Freude genießen und müsse immer bei der Bibel sitzen und beten.

Wenn dann einer von diesen Dubravataler Schwärmern in die Kirche ging, und sie gingen jeden Sonntag, so zankten die Leute mit ihnen auf dem Wege.

Die jungen Leute machten sich lustig über sie, und die Alten wunderten sich über sie, am meisten aber über Peter Kratschinsky, der gar nicht mehr derselbe zu sein schien. Man hörte ihn nicht mehr streiten und lärmen; man sah ihn nicht mehr betrunken, auch keinmal mehr im Wirtshaus. Wenn man ihn zum Geigen bestellte, sagte er: „Ich mag nicht mehr dem Teufel zu Gefallen spielen; es war gerade genug der Sünde." Dafür webte er den ganzen Tag fleißig, und abends ging er zu Blaschkos.

Seine Mutter drehte ihm das Genick nicht um; erst war sie zu sehr überrascht; und als sie sich vom ersten Schrecken erholt hatte, nutzte auch ihr Fluchen, Bitten und Drohen nichts mehr.

„Macht, was Ihr wollt, Mutter", sagte er, „und wenn Ihr noch so sehr flucht, Ihr könnt mich vom Stephan nicht abbringen. Ich lag wie der unter die Mörder Gefallene bei Jericho; der Priester und der Levit gingen vorüber; aber Stephan hat sich meiner erbarmt. Schon dafür muß ich ihm dankbar sein; denn wäre er nicht gewesen, müßte ich heute in der Hölle ewige Qual leiden, die ich redlich verdient hätte. Aber das ist nicht alles. Er zeigte mir den schmalen Weg, auf den uns der Herr Christus gehen heißt. Nun habe ich mir vorgenommen, mit Gottes Hilfe bis zu meinem Tod darauf zu bleiben."

Von anderen aufgestachelt, reizte Frau Kratschinsky ihren Sohn, wie und wo sie nur konnte; öfter lief dieser ganz bleich aus der Hütte, wenn er sie nicht länger anhören konnte; aber in Zorn brachte sie ihn nicht mehr, auch konnte sie nicht fertig mit ihm werden. So wurde sie es schließlich müde und ließ ihn machen, was er wollte.

Marischka Blaschko hatte ihren Vater einen Tag später erwartet; aber er kam schon am Abend vorher, als keiner daran dachte. Sie merkte es gar nicht, als er in der Tür stehenblieb. Marischka spann, und der Knabe saß neben ihr. Am Tische saßen der alte Hradsky und Stephan, an den Ofen gelehnt stand Mischko, und neben dem Backofen saß Peter.

Blaschko schaute sie alle an. Man konnte an ihren Gesichtern sehen, daß sie glücklich waren. Er wunderte sich. Da er vorausgekommen war und Martin mit dem Schlitten noch kommen sollte, blieb er in der Küche stehen, um zu hören, wie Stephan seinen Kindern das Wort Gottes erklären würde. Stephan las gerade die Leidensgeschichte des Herrn, und als er an die Stelle kam, wo der Sohn Gottes Seinen Geist in die Hände des Vaters befiehlt, schwieg er.

Im Zimmer herrschte Stille wie um ein Sterbelager, wo die ängstlich harrende Familie spürt, daß alles auf Erden ein Ende nimmt.

„Ich weiß nicht, was das ist“, sagte da auf einmal Peter, „ich habe das oft in der Passionszeit gehört, aber nie daran gedacht, daß der Sohn Gottes auch für meine Sünden so leiden und sterben mußte.“ Blaschko sah den jungen Mann an. Aus diesem Munde, der sonst nur von leichtfertigen Reden und Schimpfworten überströmte, hätte er solche ernsten Worte nicht erwartet.

„Du, mein Sohn“, spricht Hradsky, „bist noch jung – aber ich! Wie schwer wurde mir ums Herz, als Stephan las. Gott selbst öffnet uns die Augen, daß wir sein heiliges Wort endlich verstehen lernen. So litt der liebe Sohn Gottes für unsere Gottlosigkeit.“

„Und wir, obwohl wir es lange wußten, dachten nie an Ihn“, sagte Marischka nachdenklich.

„Du hast recht“, stimmte ihr Stephan bei. „Wir lebten so, als ob uns seine Schmerzen und Leiden gar nichts angingen. Der Herr Jesus kann wahrlich über uns klagen, wie in den Klageliedern Jeremias steht: ‚Rühret's euch nicht, alle, die ihr vorübergeht! Schaut doch und seht, ob irgendein Schmerz sei wie mein Schmerz, der mir angetan ist. Denn der Herr hat mich betrübt am Tage meines grimmigen Zorns.'"

„Nun, von jetzt an wollen wir ihn nicht vergessen, wir werden ihm um so mehr gehorchen und ihm dienen; so werden wir es wieder gutmachen", tröstete Mischko.

„Wir können es nicht gutmachen", entgegnete Stephan, „denn die vielen Jahre, die wir ohne ihn verlebten, kehren nicht mehr wieder."

Die Worte trafen Blaschko. Er wollte schon hereintreten und dem Gespräch ein Ende machen, da sagte plötzlich Hradsky:

„Wie wunderbar! Der Sohn Gottes konnte das alles leiden, solche Schmach, solche Qualen für uns, und der Mensch ist nicht imstande, etwas für ihn zu leiden!"

„Ach Großvater! Und die Märtyrer, von denen wir gestern lasen?" meinte Marischka. Sie ließ die Spindel fallen und schaute auf den Greis.

„Nun ja, es gab welche; aber jetzt werden solche nicht mehr geboren, die soviel um des Glaubens willen leiden könnten. Was meinst du, Stephan?"

„Ich denke, Großvater, wenn es Gottes Wille wäre, daß ich um Jesu willen leiden sollte, würde mir der himmlische Vater soviel Kraft schenken wie den Märtyrern – denn die waren auch nur Menschen –, damit ich treu bleiben könnte. Es kommt bloß auf die Liebe zum Herrn Jesus an. Mir scheint in diesem Augenblick, ich könnte mich eher für ihn peitschen lassen, wie er für mich gepeitscht wurde, als ihn verlassen. Nie könnte ich von ihm lassen!“

Sanft, mehr wie in Gedanken waren die Worte gesprochen, aus der stillen Tiefe des Herzens heraus, und doch regten sie Blaschko furchtbar auf.

„Rühme dich nicht, Junge“, rief er zornig, „du hast noch nie etwas erduldet. Auch Petrus sagte, daß er mit dem Herrn Christus in den Tod gehen wolle, und er ist schön gegangen! Wenn du bloß in Angst kämest, daß dir jemand etwas tun wollte, würdest du schwören, daß du ihn nicht kennst!“

Alle waren von Blaschkos Anwesenheit überrascht. Marischka eilte, ihm das Abendbrot zu bereiten, Mischko ging Martin entgegen. Peter holte Holz für Marischka. Blaschko setzte sich zu Hradsky, schloß die Bibel und legte sie zu den anderen Büchern auf das Bücherbrett.

Stephan erfuhr von ihm, daß sein Vater und Andrej morgen bestimmt kommen sollten, so ging er, die Nachricht seiner Mutter und Schwägerin zu bringen. Marischka leuchtete ihm bis vor die Tür.

„Du bist doch nicht böse über den Vater?“ sagte sie.

„Ich? Warum? Weil er mich ermahnte?“ meinte Stephan ernst.

„Aber du würdest doch sicher nie abschwören!“

„Heute denke ich, daß ich es auch in der Todesstunde nicht könnte; aber wir Menschen sind sehr schwach, dein Vater hat recht. Ich muß Gott bitten, daß er mich stärkt, daß ich lieber sterben als Christus verleugnen würde. Aber, gute Nacht!“

6. Um Jesu willen

Blaschko hatte recht; Hradskys kamen am andern Nachmittag zurück. Es war Mittwoch. Am Donnerstag ging Hradsky auf den Markt, um Schweine zu verkaufen. Als sie verkauft waren, ging er ins Wirtshaus trinken. Dort waren manche Leute, nüchterne, halbbetrunkene und sehr betrunkene. Sie berichteten Hradsky, was man sich alles über seinen Sohn erzählte; der eine beteuerte dies, der andere das zu tun, wenn Stephan seinen Sohn verführen würde. Dazwischen mischten sich die heiseren und kreischenden Stimmen der alten und jungen Frauen.

Hradsky sprach kein Wort; er trank nur und ging schnurstracks nach Hause. In der Stube traf er nur die Schwiegertochter und fragte sie, ob es wahr sei, daß Stephan zu Blaschkos ginge, und wer sonst noch hinkäme.

Die junge Frau begann eilfertig über ihren Schwager zu klagen. Sie erzählte, wie er sie und die Mutter gebeten habe, mit zu Blaschkos zu gehen, und sie setzte noch vieles hinzu, was sie für gut fand, weil sie sich freute, daß der widerwärtige Schwager vom Vater endlich einmal eine tüchtige Predigt erhalten würde, daß ihm die Luft verginge, rechtschaffene Leute, zu denen sie von Kind auf gehörte, zu ermahnen; sie seien Sünder und müssen sich zu Gott bekehren und sich mit Ihm versöhnen, solange es noch Zeit sei. Sie sagte, daß Stephan in der Scheune sei.

Es dämmerte schon. Die goldene Abendröte begann am Himmel zu erlöschen und beleuchtete noch die schöne Gestalt und das Antlitz des jungen Mannes, der bei der Häckselmaschine in eifrige Arbeit vertieft war.

Hradsky blieb eine Weile an der Tür der Scheune stehen; die Abendröte erleuchtete auch seine hohe starke Gestalt und das erhitzte Gesicht. Hradsky war ein schöner Mann. Das schwarze Haar, der Schnurrbart und die dichten Augenbrauen gaben seinem ausdrucksvollen Gesicht ein männliches und festes Aussehen. Keiner seiner Söhne war ihm ähnlich. Stephan schien im Vergleich zu ihm klein und schwach.

Eine Weile schaute er auf den Sohn, dann schloß er plötzlich das Tor. Die dadurch entstandene Dunkelheit veranlaßte Stephan, aufzuhören und sich umzusehen.

„Ach, Vater, Ihr seid es! Fast wäre ich erschrokken", sagte er lächelnd.

„So, du bist erschrocken. Du weißt wohl, daß du Ursache hast, mich zu fürchten, du ungeratener Junge!" Die Stimme des Mannes klang scharf wie das Klirren von Stahl; der Alkohol stieg ihm erst jetzt zu Kopf.

„Ich habe nichts getan, Vater, daß ich dich fürchten müßte." Ruhig kreuzte der Sohn die Arme über der Brust und lehnte sich an die hölzerne Säule in der Scheune.

„Du nichts getan?`Th taký a taký", fluchte Hradsky abscheulich, „du willst noch leugnen?"

„Nein, ich bin mir nichts bewußt und bitte Euch, Vater, flucht doch nicht. Es ist mir, als schlüget Ihr mich an den Kopf, wenn ich Euch die lästerlichen Worte sprechen höre, und wir müssen am Jüngsten Tage von jedem unnützen Wort Rechenschaft geben."

„Schweig, ich brauche deine Predigt nicht! Ist es wahr, daß ihr bei Blaschkos zusammengekommen seid, wo du deine Schwärmereien erklärtest und die Leute verführtest?"

„Ja, wir sind bei Blaschkos zusammengekommen, aber nur, um das reine, heilige Wort Gottes zu betrachten; wir haben niemanden verführt und nur die Leute gebeten, mit uns zu kommen und die Gebote Gottes kennenzulernen."

„Du leugnest also nicht einmal!" ereiferte sich Hradsky.

„Ich habe keine Ursache zu leugnen."

„Und du glaubst, ich werde dir das erlauben, ich werde dulden, daß die Leute mir nachrufen und meinen Sohn verachten. Habe ich dich erzogen mir zum Ärger und zur Schande? Auf der Stelle wirst du von deinen Schwärmereien lassen und so leben, wie unsere Väter gelebt haben und alle übrigen Menschen leben! Du wirst keine Neuerung und keinen neuen Glauben einführen, sondern wirst zum Tanz gehen wie die andern jungen Leute, und damit basta! Wenn nicht, so werde ich dir deine Schwärmereien austreiben!"

Die Gestalt des Mannes schien zu wachsen; drohend erhob er die Hand. Aber auch die schlanke Gestalt des jungen Mannes richtete sich auf; aus seinen Augen blitzte ein heiliges Feuer, wie am göttlichen Altar entzündet.

„Ich bin kein Schwärmer, Vater!" sprach er mit klarer Stimme; „aber wenn Ihr das Halten der göttlichen Gebote, die Nachfolge des Herrn Jesus und das Tun seines göttlichen Willens Schwärmerei nennt, davon kann ich niemals lassen. Ihr habt nicht die Macht, mich zum Sündigen zu zwingen und zum Tanzen. Ich werde nicht dem Fleisch und dem Teufel dienen. Ich werde nicht gegen Gottes Willen leben und Gottes Gesetz mit Füßen treten, wie ich es früher tat und wie es andere tun. Aber bitten werde ich jeden Menschen, auch Euch, Vater: Verlaßt den Welt- und Teufelsdienst und bekehrt Euch mit ganzem Herzen zu dem wahren und lebendigen Gott."

Ein derber Schlag schloß Stephan den Mund. Hradskys Blut verwandelte sich in Feuer. Er sprang auf den Sohn zu und schüttelte ihn, daß sein Rock, den er über der Schulter hängen hatte, herunterfiel.

„Du willst mir widersprechen, du Taugenichts? Willst du gehorchen, was ich dir befehle? Sonst werde ich dich schlagen, daß du immer daran denkst. Ich werde dich lehren, das vierte Gebot zu halten!“

„Ihr würdet mich ohne Grund schlagen, Vater; denn von der Wahrheit kann ich nicht lassen. Und wenn der Herr Jesus sich für mich hat geißeln lassen, werde ich auch etwas für ihn leiden können; aber tut es nicht, Vater, Ihr werdet es einmal bereuen!“

„So, du willst dem Herrn Christus gleich sein? Nun gut!“ Hradsky sprang auf die Seite, bückte sich nach einem Strick, und ehe Stephan sich's versah, hatte sein Vater ihn, die Hände auf dem Rükken, an der Säule festgebunden. Es war die Tat eines Augenblicks. Als Stephan sah, wie sein Vater die Peitsche aus dem Wagen holte, bebte sein ganzer Körper; die Angst vor dem Schmerz durchzuckte ihn, und sein Soldatenblut empörte sich gegen solche Mißhandlung.

Aber in dem Augenblick fielen ihm die Worte Blaschkos ein: „Wenn dir jemand wehe tun wollte, würdest du ebenso verleugnen wie Petrus“, und seine eigenen Worte: „Lieber lasse ich mich zu Tode peitschen.“ Er schloß Augen und Mund und wartete. Nicht lange wartete er; Schlag für Schlag fiel auf seinen nur wenig bekleideten Körper. Jeder verursachte ihm einen schneidenden Schmerz, jedesmal glaubte er aufschreien zu müssen; aber er biß die Zähne zusammen, um nicht zu stöhnen.

„Wirst du die Schwärmerei lassen?“ schrie Hradsky, außer sich vor Zorn.

„Von der erkannten Wahrheit werde ich nie lassen“, antwortete sein Sohn mit vor Schmerz zitternder Stimme.

Der Vater zerbrach sogar den Peitschenstiel an ihm.

Als er den am Boden liegenden Griff aufhob, schaute ihn Stephan, dem kalte Schweißtropfen auf der Stirn standen, unendlich traurig an.

„Mein Vater, tut es nicht! Wenn Ihr mich totschlagt, so schadet es mir nicht; denn wer bis ans Ende beharrt, der wird selig; aber Euch wird es für Zeit und Ewigkeit schaden; Tag und Nacht wird Euch der Gedanke verfolgen, daß Ihr Euer eigenes Kind ohne Ursache ermordet habt.“

Die Worte des mißhandelten Sohnes drangen in das Herz des Vaters wie die Schärfe des Stahls. Sie taten ihm weh; er fühlte, daß er seinen Sohn ohne Ursache quälte, wie man Christus gequält hat. Er fühlte, daß er ihm abbitten müsse – aber nur das nicht! Um dies schreckliche Gefühl zu betäuben, schlug er den Sohn noch zweimal; er wollte ihm um jeden Preis einen Schrei auspressen. Dies stille, christusähnliche Dulden war ihm unheimlich. Er wollte einen menschlichen Schrei hören – er hörte ihn, aber schwach und unterdrückt. Zugleich versagten Stephans Knie ihren Dienst, und er sank auf die Erde, die angebundenen Hände hielten ihn noch etwas aufrecht, der Kopf neigte sich auf die Seite, aus Nase und Mund quoll Blut.

Hradsky sah es nicht. Er verließ die Scheune mit dem Bewußtsein, seinen Sohn bestraft zu haben, wie er es sich im Wirtshaus vorgenommen hatte, als die Männer beteuerten, was sie ihren Söhnen tun würden. Heim ging er nicht, sondern ins Wirtshaus, um zu trinken und das Schreckliche zu vergessen.

Beim Hinausgehen bemerkte er nicht den unweit stehenden Blaschko und wie der ihm nachschaute. Blaschko hatte schon eine Weile bei der Scheune gestanden und gehört, wie Hradsky fluchte und jemanden schlug; aber er konnte sich nicht erklären, warum der Geschlagene keinen Laut von sich gab; es überrieselte ihn kalt, als er auf einmal Stephans Stimme hörte, obwohl er nicht verstand, was dieser sagte. Hradsky schlägt Stephan jedenfalls wegen dem Gerede, das die Leute machen. „Gut“, dachte Blaschko, „wenigstens wird es sich zeigen, ob er sich um Christi willen schlagen läßt oder ob er nachgibt. Die Lust wird ihm vergehen, ein andermal zu prahlen.“

„Geh hinein!“ drängte ihn sein Gewissen, „Hradsky ist ein böser Mensch, sieh, was er ihm tut!“

„Ach was!“ runzelte er die Stirn, „ein Vater hat

das Recht, seinen Sohn zu strafen; schlägt er ihn zu sehr, würde der schreien, dann werde ich hineingehen."

Jetzt hörte er auch den schwachen Schrei Stephans und sah Hradsky davongehen.

„Ich will ihn fragen", dachte Blaschko, „wie es ihm gefällt, für Christus zu leiden." Er öffnete die Scheune; der Mond schien hinein – aber bis zu seinem Tode würde Blaschko nicht den Anblick vergessen, der sich ihm bot: Stephan lag in seinem Blut, sein Hemd war ganz zerpeitscht und blutüberströmt; wenn ihn die Hände nicht oben gehalten hätten, läge er am Boden.

„Wärest du früher hineingegangen", sagte sein Gewissen zu Blaschko, „so wäre das nicht passiert!"

Er eilte zu dem Ohnmächtigen, zerschnitt den Strick an seinen Händen und hielt ihn, damit er nicht falle; dann wendete er das blasse, blutige Gesicht Stephans zum Licht. – Es überkam ihn ein unbeschreiblicher Schmerz.

„Stephanko!" (Stephanchen)

Stephan schlug die Augen auf. „Ihr seid es, Onkel? Seht, ich bin treu geblieben und habe mich lieber geißeln lassen; Gott stärkte mich!" sprach er mit schwacher Stimme, und ein unbeschreiblich schönes Lächeln erhellte sein Gesicht. Aber in demselben Augenblick schüttelte ihn die Kälte.

„Komm, Stephanko, ich werde dir helfen aufstehen; du mußt nach Hause gehen."

„Ich bitte Euch, Onkel, nehmt mich zu Euch!" Stephan versuchte aufzustehen. „Die Mutter würde sehr erschrecken, und es gäbe Streit im Haus. Gott der Herr wird es Euch lohnen."

„Ja, freilich nehme ich dich zu uns; sollte ich dich etwa ihm aufs neue ausliefern?" Blaschko half Stephan auf, aber nach kaum zwei Schritten hing dieser ohnmächtig in Blaschkos Armen.

„Er hat ihn getötet, und ich habe es zugelassen!" stöhnte der Mann, und seine bisherige Rechtschaffenheit, auf die er sich immer verlassen hatte, schwand in dem Augenblick wie der Frühlingsnebel. Blaschko fühlte, indem er Wiederbelebungsversuche machte, wenn Stephan stürbe, würden an seinem Tod zwei schuld sein.

Da kam Peter vorbei, sah die Scheune offen und dachte, vielleicht sei Stephan drin, und er werde mit ihm zu Blaschko gehen. – Ja, sie gingen, aber wie!

Er und Blaschko trugen Stephan, und auf seine entsetzte Frage erhielt er die Antwort, daß Hradsky seinen Sohn geschlagen habe, weil der ein Schwärmer sei und bleiben wolle.

„O Onkel", rief Peter entrüstet, „wenn Stephan mich nicht gelehrt hätte, Gott zu fürchten und dem Herrn Jesus zu gehorchen, auf der Stelle würde ich hingehen und Hradsky durchprügeln, daß er's nie wieder vergäße, oder ich zündete ihm die Scheune oder das Haus über dem Kopf an; ach, ich weiß gar nicht, was ich ihm täte, daß er Stephan so mißhandelt hat!“

Peter weinte den ganzen Weg wie ein Kind, und als sie in die Mühle kamen, erklärten sie der erschrockenen Marischka in Kürze, was geschehen war. Dann begannen sie, Stephan zu entkleiden und zu waschen; alle weinten.

Er atmete und lebte also noch, aber tat die Augen nicht auf, und blaß war er wie der Tod. Sein ganzer Körper war von blauunterlaufenen Striemen und Blutflecken bedeckt; nur das Gesicht war rein, außer dem blauen Fleck über der Schläfe, der vom Peitschenstiel herrührte.

Die Freunde taten für ihn, was sie konnten und wußten, und als er dann im Bett lag, knieten sie nieder und beteten, daß er nicht sterben möge, sondern daß ihn der Herr Jesus, für den er gelitten hatte, wiederherstelle. Sie waren noch sehr unwissend und schwach im Glauben; aber dieser Augenblick zog ihre Herzen dorthin, wo ihr einziger Beschützer und Freund lebte, der sie verstand.

Wieder bekam Stephan Schüttelfrost, dann fiel er in hohes Fieber. Als er endlich die Augen auftat, waren sie trübe; zuweilen kannte er niemanden und verlangte immer nur Wasser. Als sich Blaschko zu ihm neigte, hörte er ihn leise sagen: „Herr Jesus, hilf mir die Schmerzen tragen! Ich trage sie gerne, aber sie sind so groß, Du weißt es! Und zürne nicht über meinen Vater, er wußte nicht, was er tat! O zürne nicht, verzeihe ihm um Deiner Wunden willen!"

So war Stephan nicht immer bewußtlos; er litt viel, aber er litt gern für Christus. Er klagte seinen Schmerz nicht Menschen, nur Gott, und vergab alles.

Blaschko sah, daß Stephans Glaube anders war als der seinige, ebenso Stephans Gerechtigkeit. Er hatte mit Hradsky nur wegen eines Grenzsteines Streit gehabt, und sie konnten sich nicht versöhnen, und Stephan starb fast vor Schmerzen, die ihm sein Vater verursacht hatte, und betete für ihn.

Er konnte alles vergeben, denn er liebte aufrichtig den Herrn Christus und folgte Ihm wirklich nach.

Ja, wenn Gott einmal anfängt, einem Menschen die Augen zu öffnen, so öffnet er sie völlig.

7. Leiden

Der Morgen begann zu dämmern. Bei Hradskys standen sie gerade auf, als in der Tür plötzlich Blaschko erschien. Jeden anderen in der Welt hätte Frau Hradsky erwartet, nur ihn nicht. Er grüßte, und sie dankte.

„Willkommen bei uns!"

„Danke. Ist der Nachbar zu Hause?"

„Er schläft noch; er kam gestern Abend spät nach Hause. Setzt Euch!"

„Ich habe keine Zeit; ich wollte Euch holen."

„Mich?" wunderte sich die Frau.

„Wo habt Ihr Stephan?"

„Stephan? Nun doch wohl in der Kammer; ich denke, er war noch gestern bei Euch!" Ihr Gesicht verfinsterte sich. „Jetzt schläft er noch, wenn er nicht bei den Pferden ist."

„Ja, er schläft noch, aber wie! Ihr sorgt schön für Euren Sohn; heute Nacht ist er fast gestorben, und Ihr wißt es nicht."

„Was? Stephan?" rief die Frau entsetzt, „es fehlte ihm doch gestern Abend nichts!"

„Das weiß ich; aber dann hat ihn Hradsky so geschlagen, daß er bald gestorben wäre, wenn ich nicht gekommen wäre; auch jetzt ist er nicht weit vom Sterben. Er bat mich, ihn zu uns zu nehmen, damit Ihr nicht erschrecken solltet."

„Wehe, wehe!“ schrie die Frau. „Betka, hörst du, was der Onkel sagt?“ wandte sie sich an die eintretende Schwiegertochter. „Gib mir meinen Rock, daß ich mich anziehe! Ach, was haben sie nur miteinander gehabt!?“

Die Schwiegertochter brachte Rock und Tuch; die Hände zitterten ihr dabei, und als die beiden aus der Küche hinausgegangen waren, setzte sie sich an den Tisch und stützte den Kopf in beide Hände. Der Vater hat den Stephan geprügelt, und sie ist schuld daran; aber vielleicht ist es nicht so schlimm, und der Onkel tut nur so, weil er auf den Vater böse ist; vielleicht wird Stephan dadurch besser und läßt dann die Leute in Ruhe. Sie stand auf, das Frühstück zu bereiten, und wartete, was die Schwiegermutter sagen würde, wenn sie zurückkäme. Endlich kam sie, mit ganz verweinten Augen, bleich wie der Tod.

„Wie steht's, Mutter?“ fragte sie und faßte die Schwiegermutter bei der Hand.

„Ach, meine Tochter, so etwas habe ich noch nicht gesehen, sein eigenes Kind so zu schlagen, so zu schlagen – und ohne Ursache! Und wenn auch Ursache gewesen wäre – ihn so zu schlagen, daß kein heiles Fleckchen mehr an ihm ist!“ jammerte Frau Hradsky.

„Und was sagte Stephan zu Euch?“ fragte weinend die totenbleiche Schwiegertochter.

„Was sollte er mir sagen? Er erkannte mich nicht;

er glüht im Fieber und ist ganz außer sich vor schrecklichen Schmerzen. Fremde Leute pflegen ihn, und Blaschko sagte, er dürfe sich jetzt nicht rühren, auch nicht hinübergetragen werden. Aber was fragst du mich? Geh selbst schauen; er wird es nicht überleben, er wird es nicht überleben!"

Die Schwiegertochter gehorchte; sie mußte sich mit eigenen Augen überzeugen, was von dem Bericht der Schwiegermutter wahr sei. Es konnte ja nicht sein, daß Stephan so geschlagen wäre, daß er davon sterben sollte; es müßte sie ja bis zum Tode drücken, daß sie den Vater auch gegen ihn aufgestachelt hatte.

Sie lief in die Mühle. Hier war alles still wie im Grab, nur im Zimmer brannte Licht und beleuchtete das Bett, in dem, den Kopf zur Seite geneigt, Stephan lag. Betka sah, daß noch jemand im Zimmer war, und sah doch wieder nur ihn. Wie sie so an dem Bett stand, erinnerte sie sich an all die schönen Geschenke, die ihr Stephan von seinen Reisen mitgebracht hatte, und auch daran, wie oft er ihr Arbeiten abgenommen hatte, seit er wieder zu Hause war. Mehr als einmal hatte er ihr auf dem Feld gesagt: „Geh, Betka, zu den Kindern; wir werden auch schon ohne dich fertig." Nie hatte er ihr ein böses Wort gegeben; nur daß er sie so schön bat und ermahnte – und sie hatte ihn verklagt, sogar mit Unwahrheiten.

Die junge Frau weinte bitterlich, wie nur ein

Schuldbewußter weinen kann; und ehe man sie daran hindern konnte, warf sie sich über den schlafenden Schwager. Er stöhnte und öffnete die Augen.

„Stephanko!"

„Rühre ihn nicht an, es tut ihm ja alles weh!" sagte Marischka und versuchte sie wegzuziehen. Die junge Frau beachtete sie nicht.

„Stephanko, kennst du mich?"

„Ich kenne dich, Betka; aber laß mich, bitte, ich möchte schlafen!"

„Stephan, kennst du auch mich?" fragte Marischka und neigte sich zu ihm, wobei aus ihren Augen zwei große Tränen auf seine Stirn fielen.

„Dich?" Ein schönes Lächeln zog über sein Gesicht. „Gott vergelte euch alle eure Liebe! Aber dekke mich besser zu, Marischka, mir ist kalt."

„Du bist ja zugedeckt, Stephanko", sagte Betka, „aber wenn dir so schlecht ist, soll Andrej gleich anspannen und den Arzt holen."

Die geschlossenen Lider des Kranken hoben sich einen Augenblick. „Ich will keinen Arzt. Er würde mich untersuchen, und ihr müßtet ihm alles sagen; ich will nicht, daß die Welt das von meinem Vater erfährt. Ich habe ihm alles vergeben. Lieber würde ich sterben."

Dunkle Röte schoß in Stephans blasse Wangen; er kam in Hitze und verlor das Bewußtsein.

Unsagbar niedergedrückt und unglücklich kehrte die junge Frau heim. Ihre Last war so groß, daß sie ihrem Mann, der, zu Hause durch das Weinen der Mutter erschreckt, ihr gerade entgegenkam, alles sagte, auch daß sie den Stephan verklagt habe und es nicht überleben würde, wenn er jetzt stürbe. Andrej Hradsky wurde traurig und zornig. Hatte er auch mit Stephan in letzter Zeit nicht mehr gesprochen, so liebte er doch seinen Bruder; und jetzt sollte dieser zugrunde gehen, von seinem eigenen Vater erschlagen; und seine Frau war mit schuld daran! O wie furchtbar ...!

* * *

Hradsky erwachte spät; er stand, wie jeder Trunkenbold, mit schwerem Kopfe auf; aber auch das Herz in der Brust war ihm schwer. Er dachte nach, was mit ihm sei. Da plötzlich, wie hinter ihm gesprochen, klangen ihm die Worte in den Ohren: „Wenn Ihr mich totschlagt, so schadet es mir nicht."

Ach, Stephan! „Wie ist's mit dem Ungehorsamen? Wenn ihn niemand freigelassen hätte? Ich muß doch sehen, was er macht." Er ging in die Scheune; sie war offen. In der Nacht war Schnee gefallen; man sah keine Fußspuren, es war also noch niemand dagewesen. Er ging hinein und sah sich um. Am Boden lag der blutige Rock von Stephan, der durchgeschnittene Strick und daneben eine Blutlache.

Hradsky stand davor: „Habe ich ihn so geschlagen, daß er geblutet hat, und er hat nicht einmal gestöhnt! Aber wo ist er?“ Ein eigenartiges Gefühl bewegte das Herz des Vaters, als er an der Stelle stand, wo er gestern seinen Sohn mißhandelt hatte. Er konnte nicht begreifen, daß Stephan sich nicht verteidigt, auch nicht um Hilfe geschrien hatte. Alle Worte seines Sohnes fielen ihm wieder ein.

Hradsky wußte jetzt, daß er schlechter als ein unvernünftiges Tier gehandelt hatte und daß so etwas nie geschehen wäre, wenn er nüchtern gewesen wäre. Heftig wandte er sich um, warf etwas Stroh auf die Blutlache und eilte ins Haus. Er wollte zwar Stephan nicht sehen, aber Gewißheit mußte er haben, wo er war.

In der Küche schnitt seine Frau Brot für die Suppe; er sah ihr verweintes und vergrämtes Gesicht, er ahnte gleich, daß sie alles wußte; vielleicht hatte sie selbst Stephan losgemacht. Er schämte sich, ihrem Blick zu begegnen. „Oh, was hast du aber dem Stephan getan! Hast du noch ein Gewissen?“ begann die Frau.

„Nun, was ist dabei? Er ist doch mein Sohn!“ fuhr er sie an.

„Freilich, weil er dein Sohn ist, darfst du ihn totschlagen!“

„Er brauchte mich nicht zu reizen, der Ungehorsame! Er sah ja, daß ich nicht nüchtern war.“

„Du wirst dich nicht mehr über seinen Ungehorsam zu beklagen brauchen“, sagte die Frau eisig; „aber wenn er stirbt und es ans Licht kommt, wer ihn getötet hat, wird es dich teuer zu stehen kommen. Aber was hilft das, ihn wird es nicht auferwecken.“

„Schweig‘ und sage mir lieber, wo er ist, ich will ihn sehen; zum Sterben gehört schon viel.“

„Wenn du ihn sehen willst, gehe zu Blaschkos; dort findest du ihn.“

„Bei Blaschkos? Was tut er dort?“ schrie Hradsky; es überkam ihn ein eigentümlicher Schreck. Die Tat war böse, das ließ sich nicht leugnen, und Blaschko war sein Feind.

„Was er dort tut? Ach, er liegt im Sterben! Niemanden kennt er; Betka erkannte er nur einen Augenblick. Er will nicht, daß Andrej zum Arzt fährt; denn lieber will er sterben, als daß die Welt erfahren sollte, was du ihm angetan hast.“

Hradsky zitterten die Knie. Die Frau schob ihm die Suppe hin; sie selbst ging hinaus, und er sah durchs Fenster, daß sie in die Mühle lief.

„Er liegt im Sterben und will lieber sterben, als daß die Welt erfahren sollte, was du ihm angetan hast“, summte es ihm in den Ohren.

Hradsky war ein stolzer Bauer; aber Entsetzen, Schrecken und Angst überfielen ihn und überwanden auch seinen Stolz. Nachdem er noch eine halbe Stunde in dem leeren Haus ausgehalten hatte, entschloß er sich, nachzusehen, was er eigentlich dem Stephan getan habe und warum dieser sterben solle.

Als er hineinkam, machte man Stephans geschwollenem, wundenbedecktem Körper gerade kalte Umschläge. Er sah es, und nie wird er die Wunden seines Sohnes vergessen und den Blick, mit dem ihn Marischka Blaschko ansah, und die Stimme seines Sohnes, als er sagte: „Weint nicht, Mutter!"

„Ach, mein Sohn, daß du ihn so erzürnen konntest!"

„Es tut mir leid, Mutter, daß er so zornig wurde; aber er wünschte, ich solle von der Wahrheit lassen, und das kann ich nicht."

„Hast du große Schmerzen, mein Sohn?"

„Sehr, Mutter; aber ich weiß ja, was der Herr Jesus im Rathaus zu Jerusalem für mich gelitten hat, und sollte ihm das mit Untreue vergelten? Nein, niemals; lieber wollte ich in noch größeren Qualen sterben! Aber, Mutter, seid nicht böse auf den Vater, auch ihr andern; er wußte nicht, was er tat; und ich habe ihm vergeben."

Hradsky wird diese Worte nie vergessen. Von niemandem zurückgehalten, verließ er die Mühle. Er fühlte, daß die Leute dort ihn verachteten, und das mit Recht. Er hatte gesehen, daß Stephan wirklich nicht weit vom Sterben entfernt war; wenn er auch nicht stürbe – was er ihm getan hatte, ließe sich nie wieder gutmachen. Ach, und Stephan entschuldigte ihn und bat für ihn, wie der Sohn Gottes für seine Mörder gebeten hatte.

Hradsky hatte seinem Sohn gezürnt, seit ihm dieser gesagt hatte, daß ein mit Gott versöhnter und mit dem Blute Jesu gewaschener Mensch so leben, lieben, vergeben und sterben könne wie Jesus Christus; denn der Herr Jesus gebe ihm seinen Geist, der ihn lehre und zu allem kräftig mache.

Jetzt hatte Stephan es dem Vater bewiesen. Wenn man ihm nicht erlaubte, wie Jesus geboten hat, zu leben, konnte er wenigstens so leiden, lieben, vergeben und vielleicht auch sterben wie Christus. Der Geist des Herrn Jesu war doch in ihm, und das war der neue Glaube, den man im Dubravatal so fürchtete, und den man Schwärmerei nannte.

Noch am gleichen Tag fuhr Hradsky selbst zum Arzt und sagte ihm, was Stephan fehle. Der Arzt war ein älterer Mann, auch kein Feind des Gläschens; er verstand Hradsky. Als er aber Stephan sah, schüttelte er den Kopf und sagte beim Weggehen zu Hradsky:

„Wie konntet Ihr ihn aber so schlagen! Das begreife ich nicht. Und er hat sich nicht gewehrt?"

„Er konnte nicht", erwiderte der Mann düster, „er war angebunden."

„Mensch, das ist doch zu stark! Und der junge Mann scheint, nach seiner Geduld zu urteilen, ein braver Mensch zu sein."

„Der beste!" bejahte Hradsky; und als der Doktor die Blässe des Mannes sah und die Tränen in seinen Augen, fragte er nicht weiter.

8. Es wird Frühling

Drei Tage und drei Nächte schwebte Stephan zwischen Leben und Tod. Er hatte viel Blut verloren; dazu war er erkältet, und die Wunden waren entzündet. Er konnte wie David sagen: „Zwischen mir und dem Tode ist nur ein Schritt." Endlich legte sich die Macht der Krankheit.

Kaum hatte Hradsky erfahren, daß es seinem Sohn besser gehe, machte er sich mit dem getrockneten Obst auf den Weg. Niemand hielt ihn zurück; alle atmeten erleichtert auf, als sie ihn nicht mehr sahen; er fühlte selbst, daß er im Wege war.

Noch eine Woche blieb Stephan bei Blaschkos, aber auch seine Mutter pflegte ihn; dann brachten sie ihn nach Hause und hüteten ihn wie einen Augapfel. Was sie ihm nur an den Augen ablesen konnten, taten sie; besonders als er zu essen anfing, wußten sie nicht, wie schön sie mit ihm tun sollten. Er brauchte sich nicht mehr zu beklagen, daß er die Bibel nicht lesen könne, weil sie ihn störten. Wenn sie durch die Stube gehen mußten und ihn in das Wort Gottes vertieft sahen, gingen sie auf den Zehenspitzen, besonders Betka. Früher sah sie es nicht gern, wenn ihre Kinder bei ihm waren und er sie einen Bibelspruch lehrte; jetzt brachte sie sie selbst jeden Tag für eine Weile zu ihm, damit ihm nicht einsam zumute werde; und in der Küche merkte sie sich, was er die Kinder lehrte, damit sie es mit ihnen wiederholen konnte, bis sie es wußten und dann Stephan dadurch erfreuten. Es schien ihr, daß sie dadurch ein wenig gutmachen könne, was sie an ihm verschuldet hatte, ohne daß er es wußte.

In dieser Zeit zog zu Hradskys Stephans Großmutter mütterlicherseits. Sie hatte jahrelang bei dem Sohne gelebt; aber die Schwiegertochter war ihr nicht gut, so nahm die Tochter sie zu sich. Sie hatte Stephan seit seiner Kindheit wenig gekannt; gewann ihn aber jetzt lieb, wie der alte Hradsky. Gott hatte sie jahrelang in die Kreuzesschule gehen lassen und so das harte Menschenherz in ihr erweicht.

Als Stephan soweit hergestellt war, daß seine Freunde bei ihm abends zusammenkommen konnten, um das Wort Gottes zu lesen, erklärte er es ihnen, als wenn man ihn bei den Pforten des Todes hinter den für die übrigen Menschen geschlossenen Vorhang des göttlichen Geheimnisses hätte hineinsehen lassen. Wer ihm zuhörte, dem brannte das Herz; die Großmutter stellte ihr Spinnrad immer ganz nahe zu seinem Bett, damit ihr keines seiner guten Worte entgehe. Jedes fiel tief in den zubereiteten Boden.

Blaschko kam auch mit seinen Kindern; aber er stritt und widersprach nicht mehr, seit er erkannt hatte, daß Stephans Glaube besser war als der seinige. Er achtete den Stephan und schätzte jedes Wort von ihm. Er glaubte wirklich, daß ihm all die Sünden vergeben seien und daß auch er, Blaschko, hier auf Erden Gewißheit darüber erlangen müsse.

Betkas Mutter, Frau Petrovitschka, kam mit ihrer Tochter und Schwägerin Stephan besuchen; sie kamen seitdem jeden Abend wieder, später schloß sich ihnen der Bruder von Frau Petrovitschka an. Mit Peter Kratschinsky kam stets Pavel Petran. Schließlich brachte Peter auch seine Mutter dazu, daß sie mitkam. Blaschko brachte seinen Vetter, einen Müller, mit und mit diesem kam seine Tochter Suska; so, sie wußten kaum, wie es kam, füllte sich das ganze Zimmer um Stephans Lager.

Alle diese Leute kannten die Ursache von Stephans Krankheit, obwohl keiner davon sprach. Keiner konnte ihn verstehen; aber alle achteten ihn, und so nahmen sie seine Worte bereitwillig auf, obwohl der junge Mann, als habe er vor den Toren des Todes alle Menschenfurcht abgeschüttelt, jedem sein Leben vor Augen hielt und mit den Geboten Gottes verglich, so daß jeder bekennen mußte: Ja, es ist wahr, auch ich bin ein Sünder!

Als sie Stephan zum erstenmal wieder am Tisch sitzen sahen, hatten sie alle große Freude; am meisten vielleicht von der Familie der Großvater und die Großmutter, und von den anderen fühlte Stephan, wer sich am meisten freute, aus welchen

Augen ihm ein ganzer Himmel von Seligkeit entgegenstrahlte.

Die Frühlingssonne begann schon das Eis aufzutauen und den Schnee zu schmelzen, und der Gesang der Vögel kündigte das Nahen des Frühlings an, als Stephan zum erstenmal die Stube verlassen durfte, um sich an der frischen Luft zu erquicken. Ein ganzer Winter seines jungen Lebens war in Krankheit und Schmerz vergangen – auch verloren?

Einen Tag vorher war Hradsky zurückgekehrt; außer dem Gruß hatte er mit dem Sohn nicht gesprochen.

Stephan ging über den Hof in den Garten. Hier und da zeigte sich schon Gras. Ach, es war so hübsch und freundlich draußen; auch sein Herz war voll Glück. Wie hatte der Herr alles geändert, welchen Segen hatte ihm die Krankheit gebracht! Wie viele Freunde, die ihm nun nicht mehr wehrten, auf dem schmalen Weg zu gehen, sondern vielmehr selbst danach fragten. Welch einen guten Freund hatte er jetzt an Onkel Blaschko! Sie stritten nun nie mehr miteinander, wenn sie auch manchmal über die Worte Gottes verschiedene Ansichten hatten.

Ach, und der Großvater! Wie ernstlich suchte er die Wahrheit; auch die Großmutter hatte den Herrn Jesus aus ganzer Seele liebgewonnen. Und Betka, wie ganz anders war sie geworden, lauter Freundlichkeit und Dienstfertigkeit; nur die Mutter dachte noch zu viel an diese Welt; aber sie hörte wenigstens gern dem Worte Gottes zu.

Dann dachte Stephan daran, wie gestern sein älterer Bruder Andrej zu ihm gekommen war und gesagt hatte: „Stephan, ich habe mir vorgenommen, nicht mehr zu trinken und ins Wirtshaus zu gehen; ich hab's beim Vater gesehen, was ein Mensch tun kann, wenn er betrunken ist; ich habe auch Kinder und möchte nicht, daß ich einmal eins erschlage."

Stephan hatte nicht gewußt, was er vor Freude sagen sollte. Er dachte, zu Peter zu gehen, an dem er täglich mehr Freude hatte. Da hörte er im Hof die Mutter nach dem Vater rufen. Er wußte, daß der in der Scheune war; wenn er dort arbeitete, konnte er es nicht hören. So ging Stephan schnell, ihn zu rufen. Als er in die Scheune trat, zum erstenmal seit jener schrecklichen Stunde, fuhr er ordentlich zusammen, und es überkam ihn ein Schaudern. Der Vater war wirklich hier; er warf Stroh in die Häckselmaschine, finster wie der Himmel vor einem Gewitter. Aber Stephan verscheuchte sich die schlimmen Gedanken.

„Die Mutter ruft Euch, Vater; guten Morgen!" sagte er ernst.

„Stephan!" Hradsky wich fast zurück. Einen Augenblick standen sich Vater und Sohn schweigend gegenüber. Die Frühlingssonne beleuchtete beide und die Säule inmitten der Scheune, das Denkmal der grausamen Tat. Plötzlich trat Hradsky auf den

Sohn zu und schaute ihm in das blasse, eingefallene und doch schöne Gesicht; seine Brust hob und senkte sich schwer, und gedämpft stieß er hervor: „Stephan, vergib mir; um der fünf Wunden Christi willen bitte ich dich!“ Vor Stephan schien sich die Welt zu drehen vor lauter Glückseligkeit.

„Mein Vater, ich zürne Euch ja gar nicht!“

„Ich weiß es; aber trotzdem vergib mir! Du hattest recht, daß es mir leid tun würde; ja, ich bereue es, aber ich kann es nie wieder gutmachen. Und du, wenn du auch vergibst, wirst doch niemals vergessen können, daß ich an dir schlechter gehandelt habe als an einem Vieh, und wirst mir aus dem Wege gehen wie die andern.“

Stephan umarmte seinen Vater und sagte: „Ich werde nie mehr daran denken, wenn Ihr mir nur nicht böse seid!“

„Ach, Stephan, Stephan!“ rief Hradsky weinend.

„Weint nicht, Vater, und nicht wahr, jetzt erlaubt Ihr mir, zu leben, wie Gott es haben will?“

„Tue, was du weißt und kannst, du brauchst dich vor mir nicht zu fürchten; ich werde dich in nichts mehr hindern; doch hörte ich, daß ihr euch wieder bei Blaschkos versammeln wollt; geschieht es deshalb, weil ich zu Hause bin?“

„Wir dachten, Vater, Ihr würdet es uns nicht erlauben; wenn aber doch, so bleiben wir gerne hier. Ihr werdet dann auch bei uns sein, nicht wahr?“

„Ja – aber du sagtest, daß die Mutter mich ruft, so will ich gehen." Noch einmal umarmte Hradsky seinen Sohn und zog ihn an sich; dann führte er ihn aus der Scheune, schloß das Tor heftig und ging davon. Stephan sank vor der Scheune auf die Knie. Der Herr Jesus hatte ihn tief in den Leidenskelch hineinschauen lassen; als er ihn aber gehorsam ausgetrunken hatte, blieb zuletzt lauter Süßigkeit zurück. Damals, als alle über seine Schmerzen weinten, hatte Stephan nicht geweint; dafür flossen ihm jetzt die Tränen vor lauter Glück. „Herr Jesus, Du wirst auch meinen Vater bekehren, und ich kann Dir nie genug dafür danken; da Du mich aber am Leben erhalten hast, so laß mich nur Dir zur Freude und meinen Nächsten zum Segen leben; Dein bin ich in Zeit und Ewigkeit."

Stephan ging jetzt nicht zu Peter, und in Gedanken vertieft, wandelte er im Obstgarten. Bei einer kleinen Brücke, die Blaschkos Obstgarten mit dem ihrigen verband, blieb er stehen.

Sein Blick fiel auf das alte Haus, und er erinnerte sich, wie man ihn dort in seinem großen Elend aufgenommen und gepflegt hatte. Es wurde ihm auf einmal so eigen ums Herz, wie der Natur um ihn, wenn die Frühlingssonne sie liebkost, unter deren Berührung das Eis schmilzt und die duftende Schönheit der Frühlingsblüten hervorsproßt. Er dachte an das liebliche Mädchengesicht, das mit tränenfeuchten Augen Tag und Nacht über ihm gewacht hatte. Was sie für ihn getan hatte, konnte er ihr nie vergelten.

„Stephan, bist du es?“ tönte es da zu ihm herüber. Marischka, einen Korb in der Hand, stellte diesen auf die Erde, eilte über die Brücke und stand an seiner Seite mit dem Ausdruck unverhohlener Freude.

„Guten Tag, Marischka; was machst du da?“

„Ich suche die Henne; doch das ist nicht so wichtig – wie kommt es, daß du schon draußen bist?“

„Ich bin ja, Gott sei Dank, soweit gesund; was sollte ich in der Stube sitzen, wenn Gott einen solch schönen, warmen Tag schenkt!“

„Ach“, sagte Marischka aufatmend, „ich weiß gar nicht, wie ich Ihm dafür danken soll, daß Er dich wiederhergestellt hat.“

Die innigen Worte aus dem rosigen Mund berührten Stephans Herz warm.

„Gott dem Herrn habe ich gedankt, Marischka; aber es ist auch auf Erden jemand, dem ich bis heute nicht danken konnte.“

„Und wer? Dem Vater hast du doch schon gedankt!“

„Nun und dir, Marischka?“ Stephan neigte sich zu dem Mädchen und schaute in das weiße, jetzt leicht errötende Antlitz. Sie hob die langen, seidenen Wimpern, und die schönen Augen schauten mit einem so eigenen Blick auf ihn.

„Du hast mir nichts zu danken, Stephan; eher ich dir! Ich muß es dir sagen: Alle deine Worte hatte ich wohl mit dem Gedächtnis, aber nicht mit dem Herzen aufgenommen. Und vielleicht, wenn ich von dir fortgekommen wäre in die Welt, unter die Leute, hätte ich sie mit der Zeit vergessen. Aber wie du dich für den Herrn Jesus so quälen ließest und vergeben konntest, da sah ich, daß du denselben Gedanken hast wie die alten Märtyrer, und daß Gott dir in der Todesstunde so nahe war wie ihnen. Ich erkannte aber auch, daß ich diesen Glauben noch nicht hatte und daß ich ihn haben müsse. Da bat ich den Herrn Jesus, so wie du es mir geraten hattest, daß er sich auch meiner erbarme und sich mir so offenbare wie dir."

„Und er hat dich erhört, nicht wahr?" Stephan nahm ihre Hand in die seine.

„Ja, Stephan. Jetzt kann ich deine Frage, die du mir dort bei der Papiermühle stelltest, wann ich endlich den Herrn Jesus lieben werde, beantworten: heute und morgen und, Gott helfe mir dazu, bis in den Tod. Aber wir brauchen nicht hier zu stehen, komm mit zu uns; der Vater und Mischko werden sich freuen, dich wieder bei uns zu sehen."

Sie gingen über die Brücke und durch den Obstgarten.

„Warum sagst du nichts?" sagte das Mädchen und schaute den schweigenden Nachbarn an.

„Weißt du, Marischka, wenn man glücklich ist, weiß man nichts zu sagen."

„Du bist auch so glücklich? Ich dachte, nur ich wäre es."

„Du, Marischka?"

„Meinst du, ich hätte keine Ursache?" sagte sie mit leuchtenden Augen, „wenn ich dich lebend und gesund neben mir gehen sehe, und bedenke, daß du nun nicht mehr so allein stehst wie im Herbst, als dich niemand verstand, und daß es jetzt wieder so ist wie früher, als wir noch Kinder waren, wir vier, daß was der eine tut, die andern mittun. Jetzt wundert es mich nicht mehr, daß du uns vom Herrn Jesus erzählen mußtest. Du wußtest, daß wir ohne ihn verloren waren und daß sonst keine Hilfe für uns war. Wenn man ihn einmal kennt, muß man von ihm reden mit den Leuten; man muß es, gerade wie das Vöglein, das über uns singt; wenn die Sonne es bescheint, kann es nicht anders, es muß singen."

„Du hast recht, Marischka", erwiderte Stephan und richtete sich auf, „auch wir wollen nicht schweigen. Vorhin ließest du mich nicht dir danken, du kannst mir es jetzt aber nicht verwehren. Du hast mir viel Gutes erwiesen, als ich bei euch am Rande des Todes lag; aber was ist das gegen die Freude, mit der du mein wiederkehrendes Leben begrüßt, und daß ich jemanden habe, der mich versteht, und daß gerade du es bist, gerade du. Ich glaubte schon zu wissen, wie gut der Herr Jesus ist; aber ich habe es bis heute nicht gewußt, und wenn ich gestorben wäre, hätte ich es auf Erden nie erfahren."

„Sprich nicht so, Stephan!" sagte sie und schüttelte den Kopf, „ein so großes Leid konnte der Herr Jesus nicht über mich kommen lassen."

„Marischka, hättest du denn so sehr um mich getrauert?" Der junge Mann zog die Hand des Mädchens an seine Brust, in der ein Herz schlug, ein Herz, das in einer Stimmung war, wie die Frühlingsnatur um ihn.

Die Nacht des Winters ist vergangen, ein neues Leben ist erstanden; bald werden die Bäume blühen und die Rosensträucher; die Nachtigallen werden am Bach singen; es kommt der Mai!

Stephan konnte sich die Antwort nur von dem lieblichen Gesicht seiner Kameradin ablesen; denn im nächsten Augenblick umarmte ihn der aus der Mühle kommende Mischko und führte ihn mit freudigem Willkommen ins Haus. Draußen wehten schon linde Lüfte.

Der Frühling kommt mit goldigem Entzücken
Wie eine Braut, im Blumenkranz geziert;
Ja, viele Herzen wird er nun erquicken;
Verschneite Wiesen wandelt er in Grün.
Er kommt, ein Bild der ew'gen Seligkeit,
Da alle Sorge schwinden muß und alles Leid.

9. Reiseerlebnisse

Hradskys hatten ein schönes Pferd großgezogen. Sie wollten es verkaufen, warteten aber damit bis zum Fasten-Jahrmarkt in Podhrad; denn dieser Markt war dafür immer günstig.

„Da ich zu Hause noch nicht viel tun kann, so laßt es mich nur besorgen!" sagte Stephan.

„Es wird dir zu weit sein, lieber Sohn", sorgte sich Hradsky, „du bist noch nicht ganz hergestellt."

„Laßt mich nur gehen, es ist jetzt ja schon besser; mit Gottes Hilfe werde ich schon langsam hinkommen. Da kann ich wenigstens auch die Tante Pribovsky besuchen; seit fünf Jahren habe ich sie nicht mehr gesehen." Die Seinigen überlegten. Sie hätten ihm nicht gern die Freude zerstört, da sie ihn alle jetzt so schätzten, und doch fürchteten sie, er sei noch zu schwach, um die Reise aushalten zu können.

„Stephan braucht ja nicht zu Fuß zu gehen", sagte da plötzlich Hradsky, „er soll sich den Wagen nehmen. Wir haben etliche Holzsachen, die Andrej im Winter gearbeitet hat; vielleicht kann er sie dort dem Juden besser verkaufen, auch den Mais, den wir aus Südungarn brachten, wir brauchen hier nicht soviel; das geht."

Die Frauen freuten sich, Stephan umarmte den Vater, daß er so für ihn sorgte.

Peter Kratschinsky kam dazu. „Nimm mich mit!“ sagte er, „ich könnte dort meine Leinwand besser verkaufen und möchte auch Baumwolle kaufen, die soll man dort gut bekommen.“

„O wie gern!“ Hradskys freuten sich, daß Stephan den Weg nicht allein zu machen brauchte. Sie versorgten die beiden, so gut sie konnten. Aus allen drei Häusern gab es soviel Aufträge, daß Stephan wohl die Hälfte vergessen hätte, wenn er sich nicht jede Kleinigkeit, selbst um was die Kinder baten, aufgeschrieben hätte.

Stephan und Peter fuhren in Gottes Namen ab. Drei Tage sollte es dauern, bis sie wieder zurückkamen.

* * *

So fuhren die beiden. Das junge Pferd banden sie hinten an den Wagen, denn vorn bei den anderen Pferden sprang es zu viel. Unterwegs nahmen sie hier und da jemanden mit und fuhren ihn eine kurze oder auch lange Strecke; Bezahlung verlangten sie nicht. Auch einen alten Bettler ließen sie von einem Dorf bis ins andere mitfahren. Er segnete sie, als er sah, wie Stephan ihm einen guten Platz bereitete, damit er seine alten Glieder recht ausstrecken könne. So taten sie Gutes, wem sie konnten, und Stephan erzählte jedem von seinem großen Glück; wie sehr ihn Gott geliebt habe, daß er seinen eingeborenen Sohn gab und um seinetwillen ihm die Sünden vergeben und ihn aus Gnaden angenommen habe, und wie Gott die Menschen rufe, von dem breiten Weg auf den schmalen Weg zu kommen.

Das war allen etwas Neues. Manchem gefiel es sehr, was Stephan sagte; aber eins konnten sie nicht glauben, daß es einem Menschen möglich sei, die Sünde zu lassen und ein neues Leben anzufangen.

Da konnte aber Peter nicht länger schweigen. Er bekannte, was er früher für ein unordentliches, liederliches Leben geführt hatte, und zeigte die Spuren, die ihm von den früheren Schlägereien geblieben waren. Er erzählte dann, wie er durch den Trunk und die Schlägerei ums Leben gekommen wäre, wenn Stephan ihn nicht gefunden und gerettet hätte, und wie der ihm aber auch die Augen darüber geöffnet habe, daß er auf dem Wege des Verderbens sei.

Dann bekannte er freudig, wie glücklich er jetzt war, daß er jetzt nicht mehr dem Teufel zu dienen brauche, sondern dem lieben Gott, der sich auch über ihn, den Sünder, erbarmt hatte, und dem Herrn Jesus, der ihm half, ein neues Leben zu führen.

Die Leute wunderten sich über Stephan und Peter; so etwas war ihnen ganz neu. Manche von ihnen würden das Gehörte vergessen, aber nicht alle. Und der Herr im Himmel sah, daß sie taten, was sie konnten. Sie hatten ihn vor den Menschen bekannt, ihm Ehre gegeben und den Leuten gezeigt, daß Gott nicht nur von der verdienten Strafe begnadigen, sondern auch von der Sünde befreien kann.

Als sie nach Rakovan kamen, war es schon finster, und sie mußten übernachten. Ein armer Mann, den sie auch auf dem Wagen mitgenommen hatten, nahm sie in sein Haus auf; seine Frau bewirtete sie, so gut sie konnte. Auch für die Pferde hatten sie Raum im Stall, denn der Exekutor hatte den Armen ihre Kuh verkauft; der Jude hatte die Ochsen genommen, so war der Stall leer geblieben.

Die Leute klagten Stephan und Peter ihr Leid, und ihre herzliche Teilnahme tat ihnen gut, sie weinten, als Stephan nach dem Abendbrot das Neue Testament, das er immer bei sich trug, hervornahm. Er las und erklärte ihnen, wie gut der Herr Jesus den armen Leuten war, und daß er derselbe sei gestern, heute und in Ewigkeit; danach knieten sie nieder, und er betete mit ihnen, als ob er mit Gott spräche.

„Gott hört und versteht alles, was wir sagen", sprach er, als sie sich erhoben, „er will, daß wir ihn bitten und ihm glauben."

Bis spät in die Nacht hinein unterhielten sie sich; auch die Frau ging noch nicht schlafen, obwohl sie am Tag viel gearbeitet hatte. Sie brachte nur die Kinder zur Ruhe, damit sie nicht störten.

Als sie morgens aufbrachen, schenkte Stephan ihr eine halbe Metze Mais für die Gänse, die ihr geblieben waren, damit sie dieselben dann gut verkaufen könne; Peter schnitt ihr von seiner Leinwand ab zu Hemden für die Kinder.

Dann fuhren sie weiter, reich und glücklich; denn wenn man aus ganzem Herzen Gutes tun kann, ist man immer glücklich. Die Segenswünsche dieser armen Leute begleiteten sie.

Die Segenswünsche erfüllten sich, als sie an Ort und Stelle ankamen. Stephan verkaufte das Pferd um zehn Gulden teurer, als sie zu Hause gerechnet hatten; auch den Mais und die Holzwaren verkaufte er gut. Peter hatte noch nie soviel an der Leinwand verdient wie an diesem Stück, von dem er für die Kinder abgeschnitten hatte. Das prägte sich seinem Gedächtnis ein, wie gut und dienlich es sei, von allem erst dem Herrn Jesus zu geben, dann segne er.

Stephan ließ Peter bei dem Wagen, wo er sich mit den Leuten unterhielt, und ging, seine Tante Pribovsky zu besuchen. Sie war Witwe und war in Stellung in der Apotheke. Im ersten Augenblick erkannte sie den Neffen gar nicht, dann war aber ihre Freude groß.

„Willkommen, Stephanko! Wo kommst du her? Kommst du allein?“

„Von uns bin ich allein hier, Tante; ich habe ein Pferd verkauft. Ich bringe Euch Grüße von Großvater, Vater, Mutter und allen übrigen. Ich mußte doch einmal schauen, wie es Euch geht, wir haben so lange nichts von Euch gehört."

„Wirklich lange, mein Sohn, aber setze dich! Mir geht es gottlob gut; aber ich weiß nicht, wie es bei euch geht."

„Alle habe ich, dem Herrn sei Dank, zu Hause gesund zurücklassen können. – Ich bitte Euch, Tante, würde der Herr Apotheker mir wohl erlauben, die Pferde hier im Hof zu füttern? Ich möchte nicht gern ins Wirtshaus."

„O gewiß, mein Sohn! Die Herrschaft ist zwar nicht zu Hause, ich bin nur allein; aber sie werden es dir gern erlauben. Du kannst die Pferde in den Stall tun, wir haben gerade keine darin; der Herr wollte nach seiner Rückkehr welche kaufen. Aber wo hast du den Wagen gelassen, wer ist bei ihm?"

„Peter Kratschinsky, mein Freund, ist mit mir hier; er steht dort neben den Heiligen bei dem Brunnen. Ich werde ihn holen."

„Wozu willst du gehen? Ich werde den Jungen schicken."

Frau Pribovsky ging in die Küche, schickte den Lehrling und gab den Mägden Aufträge und eilte zurück zu dem lieben Besuch. Was für ein schöner junger Mann war Stephan, wie vornehm seine Haltung, wiewohl er in Tracht (in den slowakischen Dörfern hat sich noch die hübsche eigenartige Volkstracht erhalten) war, und wie schön er sprach!

Nur sah er blaß aus, als wenn er krank gewesen wäre.

„Mir scheint, mein Sohn, du bist nicht ganz gesund. Hoffentlich hast du dir beim Militärdienst keine Krankheit zugezogen?" meinte sie, als sie wieder beisammen saßen.

„Beim Militär nicht, Tante; aber zu Weihnachten wurde ich krank, und das dauerte lange. Aber jetzt bin ich, dem Herrn sei Dank, wieder gesund, nur die Kräfte fehlen mir noch etwas; aber der Herr, der mich am Leben erhalten hat, wird sie mir auch wieder schenken."

„Ich frage mich, wie du zu einer so schweren Krankheit gekommen bist; aber freilich, wenn unser junger Herr, der sich doch schonen kann, krank werden konnte, wieviel leichter einer von euch!" sagte traurig Frau Pribovsky.

„Und was fehlte dem jungen Herrn?"

„Viel, sehr viel, mein Sohn; auch jetzt ist er noch nicht gesund. Es ist jetzt die vierte Woche, daß Herr Korimsky mit ihm sehr weit irgendwohin in ein Bad gefahren ist. Der Herr Doktor, der mitreiste, schrieb unserm Herrn Provisor, daß der junge Herr zwar schon aufstehen könne; aber weil die Luft für ihn zu stark sei, werden sie zurückkehren müssen. Unser Herr würde verzweifeln, wenn ihm der Sohn doch noch stürbe."

Dann erzählte Frau Pribovsky dem Neffen, was dem Herrn Korimsky passiert war. Vater und Sohn hatten zusammen eine Arznei bereitet, und dabei hatte der junge Herr, der Wasser trinken wollte, aus Versehen Gift genommen. Es fiel ihr leicht zu erzählen, als er sie so teilnahmsvoll anschaute und die beiden Herren so herzlich bemitleidete.

„Fürchte dich nicht, Tante!" tröstete er, „Gott legt den Menschen nie mehr auf, als sie ertragen können; Er kann noch alles zum Besten wenden."

„Du redest gerade so, Stephan, wie unser Herr Provisor."

„Und ist denn die Apotheke jetzt geschlossen, wo die Herren nicht zu Hause sind?"

„O nein, der Herr Provisor besorgt alles; den Mann hat Gott Korimskys gesandt."

„Wenn er gut ist, gewiß! Denn alle gute Gabe kommt von Gott."

Frau Pribovsky strich Stephan über die glatte Stirn. „Wie froh bin ich, daß du beim Militär nicht verdorben bist und dich von Gott nicht abgewandt hast."

„O Tante", sagte Stephan betrübt, „ich hatte ihn verlassen und fiel in große Sünden und führte ein gottloses, schlechtes Leben. Aber der Herr Jesus erbarmte sich meiner; Er vergab mir meine Sünde, wusch mich rein in seinem Blut und versöhnte mich mit dem Vater im Himmel, und durch die Kraft des Heiligen Geistes machte er aus mir einen neuen Menschen. Darum bin ich auch heute zu Euch gekommen, Tante, um Euch zu fragen, ob Ihr den Herrn Jesus kennt und die Liebe, mit der Er

Euch geliebt hat, und ob Ihr ihm schon dient in Dankbarkeit?"

„Ach, mein Sohn, wenn du mich vor einigen Wochen so gefragt hättest, wäre ich vielleicht verwundert gewesen oder gar böse geworden", sagte die Frau und schüttelte gerührt den Kopf, „aber jetzt weiß ich, daß ich den Sohn Gottes früher nicht gekannt und ihm nicht gedient habe; doch es geht auch jetzt nur langsam mit mir vorwärts; da sich die ganzen Jahre niemand um meine Seele gekümmert hat, ich selbst auch nicht, so fällt es mir jetzt schwer, die göttliche Wahrheit zu fassen. Aber der Herr Provisor sagt ja immer, wenn wir nur das Herz dem Herrn Jesu öffnen, so werde er sich uns offenbaren und uns alles lehren."

Stephans Gesicht wurde rot vor freudigem Staunen. „Wie glücklich bin ich, Euch so sprechen zu hören! Der Herr Provisor kennt und liebt also den Herrn Jesus? Er lehrte Ihn auch Euch kennen; so dient er Ihm auch?"

„O Stephan, wenn der dem Herrn Christus nicht gut dient, dann tut es kein Mensch."

„Könnte ich nicht mit ihm zusammenkommen, liebe Tante?"

„Warum nicht, mein Sohn: Er ist so gut und freundlich. Ich will ihn rufen lassen; wenn er Zeit hat, kommt er gleich."

Frau Pribovsky ging hinaus; Stephan durchschritt das Zimmer und blieb am Fenster stehen in freudiger Erwartung. O wie freute er sich, wieder einmal einen Menschen zu sehen, der dem Herrn auf dem schmalen Weg nachfolgte! Er überlegte gar nicht, was er ihm sagen würde, sondern dankte schon im voraus dem Herrn für das unerwartete Glück. Er schaute sich um, als die Tür aufging – und zwei freudige Rufe der Überraschung klangen durch das Zimmer.

„Stephan!"

„Herr Ursiny!"

„Bist du es Stephan? Wie kommst du hierher?"

Stephan unterdrückte in den Armen des Freundes die Tränen der Freude und Rührung.

„Daß ich hier bin, ist nicht so verwunderlich; aber Sie, Herr Ursiny."

„So sind die Wege Gottes, Bruder. Doch wie geht es dir, wie deiner Seele?"

„Ich bin sehr glücklich. Der Herr Jesus ist mit mir und bewahrt mich, daß ich treu bleiben kann von Tag zu Tag. Er ließ mich nicht lange allein, sondern gab mir Seelen, die sich auch retten ließen, so wie Sie es mir in P. vorhergesagt haben. – Aber wie geht es Ihnen, lieber Herr Ursiny?"

„Stephan, lieber Stephan, ich sehe hier keinen Herrn; es paßt nicht, daß ein Bruder den andern so tituliert."

„Nein, Herr Ursiny, Ehre, wem Ehre gebührt! Sie haben noch nicht geantwortet."

„Ich werde Ihnen schon antworten, Herr Hradsky. Nun, ist es so schöner?"

„Nein! Das ist mir unerträglich, so fremd. Also, lieber Bruder, wie geht es dir?“ Ursiny drückte einen Kuß auf Stephans Wange, dann ließ er ihn frei aus der Umarmung.

Als nach einer ziemlichen Weile Frau Pribovsky ins Zimmer trat, traute sie ihren Augen nicht. Herr Ursiny unterhielt sich mit Stephan, als wären sie Brüder. Es tat ihr leid, aber sie mußte sie stören; denn Peter war mit dem Wagen gekommen. Stephan mußte nach den Pferden sehen, und den Herrn Provisor rief die Pflicht in die Apotheke.

Frau Pribovsky bewirtete Stephan und Peter reichlich. Von „heute zurückfahren“ durfte nicht die Rede sein.

„Reist morgen!“ sagte sie. Und die beiden sträubten sich nicht lange.

„Bei euch ist es wie im Himmel, Tante!“ beteuerte Peter.

Nach der Vesper nahm Herr Ursiny Peter mit in sein Zimmer, damit Stephan ungestört mit seiner Tante plaudern könnte. Nun erfuhr Frau Pribovsky, was sie so sehr interessierte, wie Stephan mit Herrn Ursiny bekannt geworden war. Der Neffe erzählte ihr, daß Herr Ursiny in N. öfters den alten Prediger vertreten hatte und gerade an jenem Abend sprach, an dem Stephan damals glaubte und errettet wurde. Alle Mitglieder der kleinen Gemeinschaft hatten Herrn Ursiny gern, denn viele verdankten ihm ihre Erweckung. Sie hatten sich bemüht, ihn in eine Schule zu schicken, daß er sich zum Prediger ausbilden lasse; aber er hatte nicht gewollt. Er hatte einen alten, arbeitsunfähigen Vater, für den er sorgte und dem er fast seinen ganzen Lohn gab, so daß er selber öfters keine guten Schuhe hatte, und dazu war der Vater noch böse auf ihn. Aber gerade heute hatte Stephan von Herrn Ursiny erfahren, daß die Liebe Gottes, die der Sohn durch sein Leben stets bezeugt hatte, den Vater überwunden hatte, und daß er als ein reuiger, mit Gott versöhnter Christ in den Armen des Sohnes gestorben war.

Warum Herr Ursiny jetzt, wo kein Hindernis mehr im Wege lag, nicht in die Schule gegangen war, hatte er nicht erwähnt; aber, dachte Stephan, vielleicht will er sich erst ordentlich mit Kleidern versehen.

„Wie gut, daß er nicht gegangen ist", seufzte Frau Pribovsky, „er wäre sonst wohl nicht zu uns gekommen und hätte uns nicht die Liebe Gottes verkündigen können."

Der Herr Provisor, den sie schon so hoch schätzte, wurde ihr durch diese Mitteilung noch teurer; sie wunderte sich, daß Stephan die aufopfernde Liebe des Sohnes, wie Ursiny sie seinem Vater bewiesen hatte, als selbstverständlich ansah. Freilich wußte sie nicht, daß Stephan selbst einem unwürdigen Vater solange Liebe erzeigt hatte, daß es ihn fast das Leben gekostet hätte, bis er ihn überwunden und zu Gott geführt hatte.

Dafür hörte von dieser Liebe der Provisor; und Peter sparte nicht der Farben, als er allein bei Herrn Ursiny diesem beschrieb, wie es Stephan im Dubravatal ergangen war seit seiner Rückkehr vom Militär, wie seine Angehörigen und seine ehemaligen Freunde daheim mit ihm umgegangen waren. Dann erzählte er ihm von seiner Bekehrung und von den schönen Zusammenkünften bei Blaschkos und endlich die schreckliche Begebenheit in Hradskys Scheune, über welche er noch heute mit Erbitterung erfüllt war. Der Provisor wurde leichenblaß, als er davon hörte.

„Siehst du, Peter", sagte er nachher, als er hörte, war für gute Folgen die Krankheit Stephans gebracht hatte, daß sich jetzt niemand von Stephans Bekannten mehr dem Worte Gottes widersetzte, „daraus kannst du sehen, daß auch der Weg eines wahren Christen nur über Golgatha in die ewige Herrlichkeit führt, und daß, wenn wir jemanden retten wollen, es nur geschehen kann, wenn wir uns, wie unser teurer Herr, selbst aufopfern."

10. Eine Versammlung

Die Stunden eilten dahin, und Stephan und Peter wußten gar nicht, wie es Abend geworden war.

„Besorgt eure Pferde, Brüder, und um 7 Uhr kommt ihr mit mir!" sagte Herr Ursiny. „Wir haben auch hier in Podhrad schon eine kleine Versammlung. Mit Frau Pribovsky haben wir die wenigen evangelischen Familien aufgesucht und kommen nun zweimal in der Woche zum Worte Gottes zusammen. Jetzt kommen, dem Herrn sei Dank, zu uns auch viele Katholiken. Auch die Frau, bei der wir zusammenkommen, ist katholisch und nicht ferne vom Reich Gottes. Ihre Tochter war an einen evangelischen Lehrer verheiratet, und die Enkelin, die sie bei sich hat, ist evangelisch und spielt uns zum Gesang das Harmonium. Das Häuschen, wo wir zusammenkommen, hat für Frau H. und ihre Enkelin, eigentlich aber für uns, eine dem Herrn wohlbekannte Wohltäterin gemietet."

Wer kann es aussprechen, wie glücklich Stephan war, daß er wieder einmal in eine Versammlung mit gläubigen Brüdern gehen konnte!

Aus der Apotheke gingen um 7 Uhr: sie drei, Tante Pribovsky, der ältere Lehrling Jindrich (Heinrich), der jüngere Ferko und die Magd. Peter konnte kaum den Augenblick erwarten, wo auch er eine solche christliche Versammlung sehen sollte, von welcher Stephan ihm soviel erzählt hatte, und daß er Herrn Ursiny das Wort Gottes predigen hören sollte.

Sie hätten sich nie gedacht, was sie in Podhrad finden würden. Gerne waren sie hergekommen; aber wie anders hätten sie sich noch beeilt.

* * *

Endlich standen sie vor dem Häuschen. Sie gingen durch einen Vorraum in eine schön erleuchtete, mit ungestrichenen Bänken versehene Stube. Die Plätze waren schon fast alle besetzt, von meist armen Leuten. Zwischen den Fenstern stand ein Tisch mit einer Lampe und der Bibel darauf, daneben stand ein Harmonium, an dem ein städtisch, aber schlicht gekleidetes junges Mädchen saß.

Ja, das Zimmer und die Menschen darinnen paßten gut als Rahmen für Jesus von Nazareth, für den, als Er geboren wurde, obwohl die Erde voll war von prächtigen Gebäuden und Palästen, nirgends ein Raum zu finden war – außer in dem Stall von Bethlehem.

Peter kam es vor, als sei er im Himmel, so still und angenehm war es hier. Als sie eintraten, entstand ein Geräusch, alle begrüßten ehrerbietig den jungen Provisor. Stephan und Peter mußten auf der ersten Bank Platz nehmen; denn Ursiny hatte zu Hause gesagt: „Wenn ich geendet habe, werden wir ein Lied singen, und dann wirst du, Stephan, zu uns sprechen, und auch Peter wird Zeugnis ablegen von der Gnade, die ihm widerfahren ist!"

Als sie sich gesetzt hatten, verteilte Jindrich die Lieder. Herr Ursiny betete, dann begann Fräulein Aneschka zu spielen und die Versammlung zu singen. Peter schloß die Augen und hörte so zu; besonders ein Vers machte tiefen Eindruck auf ihn:

„Kehre wieder, irre Seele!
Deines Gottes treues Herz
Beut Vergebung deinem Fehle,
Balsam für den Sündenschmerz.
Sieh' auf den, der voll Erbarmen
Dir mit ausgestreckten Armen
Winket von dem Kreuzesstamme,
Kehre wieder, fürchte nicht,
Daß der Gnäd'ge dich verdamme,
Dem sein Herz vor Liebe bricht."

O wie froh war Peter, daß er schon gekommen war, daß er glauben und fühlen konnte, daß seine Seele gleich einer Tochter, die lange Zeit verirrt war, zum Vater zurückgekehrt und von ihm angenommen worden war. Als nach dem Verlesen eines Passionstextes der junge Provisor anfing, über das Wort Gottes zu sprechen, wagte Peter kaum zu atmen, um kein Wort zu verlieren. Wie einfach und klar, fast wie zu Kindern, und dabei so lieb und schön sprach er! Bis zum Morgen würde Peter zuhören können; er fühlte, wie sein Herz in Liebe entbrannte zu dem teuren Erlöser, dem Herrn Jesus, der so für ihn gelitten hatte und nichts von ihm zum Lohn verlangte als sein sündiges, schwaches Herz. Peter war so in Gedanken versunken, daß er gar nicht merkte, daß Ansprache und Gesang zu Ende waren.

Er fuhr zusammen, als von dem Tisch die helle Stimme Stephans erklang wie eine Glocke auf den Bergen:

„Wer meine Gebote hat und hält sie, der ist es, der mich liebt. Wer mich aber liebt, der wird von meinem Vater geliebt werden, und ich werde ihn lieben und mich ihm offenbaren."

Als Stephan das gelesen hatte, schaute er sich um und schwieg eine Weile, dann las er weiter:

„Sprach zu ihm Judas, nicht der Ischariot: Herr, was ist es, daß Du dich uns offenbaren willst und nicht der Welt?"

Und wieder hielt Stephan inne. Die Augen aller, die im Zimmer waren, ruhten auf ihm.

„Da antwortete Jesus ihm und sagte: Wer mich liebt, der wird mein Wort halten; und mein Vater wird ihn lieben, und wir werden zu ihm kommen und Wohnung bei ihm machen. Wer aber mich nicht liebt, der hält meine Worte nicht." (Joh. 14,21- 24)

„Euer und mein verehrter Freund, Herr Ursiny,

forderte mich auf, euch einige Worte zu sagen. Es ist mir sehr leicht; denn dieser Text ist ein guter Führer für uns. Wir alle, die wir hier sitzen, haben die Gebote des Herrn Jesus. Nun, halten wir sie auch?" Dann begann er zu erklären, wie uns der Sohn Gottes geliebt hat und daß er für sein Leiden von uns nichts verlange als unsere Liebe.

„Der Herr Jesus sagt, daß wer seine Gebote hat und sie hält, der ist es, welchen er liebt. Kann er das von euch sagen? Ach, teure Freunde, liebt ihr ihn, und beweist ihr ihm das? Ich fürchte, nicht alle.

Ich bin noch so jung und habe schon hinter mir ein Leben voller Gottlosigkeit. Auch ihr habt solches Leben hinter euch; und habt ihr schon ein neues Leben angefangen, wenn ja, wo ist die Liebe zum Herrn Jesus?

‚Wer mich liebt', sagt weiter der Herr Jesus, ‚der wird von meinem Vater geliebt werden.'

Habt ihr schon darüber nachgedacht, was das bedeutet, geliebt zu werden von dem himmlischen Vater, geliebt am Tage bei der Arbeit, geliebt in der Nacht bei der Ruhe, geliebt im Hause, geliebt auf dem Felde, bei jedem Schritt, habt ihr das schon bedacht?

Oh, das ist Seligkeit, zu wissen, daß Gott nicht nur gegenwärtig bei uns elenden, armen Würmern ist, sondern daß er uns liebt wie ein Vater. Was kann mir Böses geschehen, wenn solche Gnade mich schützt? Gott der Herr legt segnend seine Hand auf mein Haupt, wer will mir dann schaden? Er versüßt die Leiden, hilft in Armut jeden Tag aus, in der Krankheit stärkt er, und wenn der Tod kommt, auch der muß ihm dienen, mich zu bringen in meine ewige, schöne Heimat.

Als ich Soldat war, im ersten Jahr, sehnte ich mich sehr nach Hause, ich sehnte mich sehr nach den Bergen und Wäldern. Jetzt bin ich zu Hause; ich liebe die Berge und Wälder so wie früher; aber mein Herz sehnt sich nun nach den höchsten Bergen dort in meiner himmlischen Heimat, und zwar deshalb, weil ich weiß, dort, dort lebt der Vater, der mich von Ewigkeit geliebt hat und liebt.

Also haltet die Gebote des Herrn Jesu, der himmlische Vater wird euch lieben, und ihr werdet immer glücklich sein!

‚Und ich werde ihn lieben und mich ihm offenbaren.' Als das der Herr Jesus sagte, wunderten sich die Jünger; denn sie konnten es nicht begreifen, daß der Herr Jesus sich ihnen, den ungelehrten armen Leuten, offenbaren wollte und nicht der großen und gelehrten Welt. Das ist eben der große Unterschied; etwas wissen vom Herrn Christus oder die Offenbarung des Herrn Jesu zu haben. Hier bei uns weiß die ganze Welt von Christus, aber wenige sind, denen er offenbart ist. Das ist so: Ich kenne viele Pflanzen in den Bergen, aber ich weiß nicht, wofür manche gut sind; meiner Großmutter sind alle bekannt, welche eine Heilkraft haben. Nun, wenn ich die Pflanzen nicht kenne und gehe daher, so werde ich sie vielleicht zertreten; aber sie wird sie aufheben und für irgendwelche Wunden gebrauchen. Wem der Herr Jesus sich nicht offenbart hat, der übersieht ihn, oder – ach wehe, wehe, daß ich es sagen muß, er tritt ihn mit Füßen! Ist er euch allen offenbart? Wißt ihr, daß in ihm Kraft ist zu heilen? Er heilt alle Wunden der Sünde.

Ich wunderte mich über meine Großmutter, was sie mit den Pflanzen tat; sie wusch sie schön und zerrieb sie zwischen Steinen, bis aus ihnen aller Saft herauskam; dann war es eine Salbe für die Wunde. So lebte auch der Herr Jesus rein und unbefleckt in dieser Welt, und nachher gab er, wie wir vorhin gehört haben, Sein Blut für uns alle, und dieses Blut ist die Salbe für die Sündenwunde. Legt diesen Balsam auf euer Herz, so wird es geheilt; ihr kennt den Herrn Jesus und werdet ihn lieben.

Ich hatte einst eine Wunde und legte auf sie die Salbe, die ich nie vorher beachtet hatte. Aber jetzt weiß ich, wie mir von ihr besser wurde und wie sie meine Wunde heilte, und um nichts werde ich daran wieder vorbeigehen, sie ist mir zu kostbar.

Möchtet doch auch ihr das Blut des Herrn Jesus schätzen lernen für die Wunden eures Herzens und Gewissens! Dann werdet ihr nicht mehr daran vorbeigehen, ihr werdet erkennen, wie gut er ist, und werdet ihn lieben.

Als die Jünger den Herrn Jesus fragten, warum er sich ihnen offenbaren wolle und nicht der Welt, sagte er ihnen:

‚Wer mich liebt, der wird mein Wort halten.' Dieser „wer" kann ich sein und kannst du sein, jeder, der bereit ist, seine Gebote zu halten.

‚Und mein Vater wird ihn lieben, und wir werden zu ihm kommen und Wohnung bei ihm machen.'

Diese Worte sind ewig wahr. Als ich im Blute Jesu gewaschen und geheilt wurde, als ich ihn liebte und begann, Seine Gebote zu halten, erfüllte Gott an mir diese Verheißung. Ich übergab ihm mein Herz, und durch den Heiligen Geist lehrte er mich bleiben in ihm. Früher wohnte in meinem Herzen der Teufel, und ich handelte nach dem Willen des Teufels; heute wirkt der Herr in mir und mit mir, was er will; das ist Seligkeit.

Seht, wir sind hier zum Teil ungelehrte und arme Leute; aber der Herr Jesus will sich uns offenbaren. Er will es nicht der großen und klugen Welt, die ihn nicht zu brauchen meint, offenbaren. Denkt nicht, weil sie ihn nicht kennt, daß ihr deswegen auch nicht ihn kennen könnt. Ich habe beim Militär auch diese kluge Welt gesehen. Keiner von meinen Offizieren glaubte an den Herrn Jesus oder an Gott, und da dachte ich, wenn sie, die gelehrten Herren, nicht glauben, so dürfte ich einfältiger Bauer auch nicht glauben. Das brachte mich an den Rand des Höllenabgrundes. Wäre nicht die Gnade Gottes und die Liebe des Herrn Jesus gewesen, so wäre ich dort in S. verzweifelt unter der Last meiner Sünden.

Von diesen klugen Herren kannte wohl keiner den Herrn Jesus. Sie dienten, von ihren Lüsten getrieben, der Welt und dem Teufel und bekehrten sich nicht von der Sünde; aber ich Unwürdiger wurde geheilt, gerettet und freigemacht. Auch ihr alle müßt gerettet werden. Gerade für euch ist das heilende Blut des Herrn Jesus da. Aber denkt nicht, es ist so leicht sagen: ‚Ich liebe ihn'; denn er sagt: Wer mich liebt, der hält meine Worte. Die Liebe muß sich beweisen; und bei wem von euch davon nichts zu sehen ist, dem hat sich Jesus noch nicht offenbart. Amen."

„Amen", antworteten unterdrückt einige Stimmen.

Nach einem innigen Gebet, mit dem der Herr Provisor den Gottesdienst schloß, sprach er mit einem bittenden Blick auf die vor ihm Sitzenden:

„O laßt eure Herzen heilen von dem Herrn Jesus; denn mein Freund hat recht, nur er ist die Arznei für unsere Sündenwunden. Und wie nur ein gesunder Mensch seinen Staatspflichten nachkommen kann, so kann nur ein von der Sünde geheilter Mensch Gottes Gebote halten und durch ein neues Leben dem Herrn Jesus beweisen, daß er ihn liebt. Soll sich der Herr Jesus euch offenbaren, so müßt ihr zu ihm kommen wie zum Arzt und zur Arznei. Wir, denen er sich schon offenbart hat, konnten nur so ihn kennenlernen, und erkennen ihn immer besser. Wer entschlossen ist, dem Herrn Jesus nachzufolgen und ihm sein krankes Herz zu geben, tue dies jetzt und trete hervor!" Das Fräulein entfernte sich von dem Harmonium, und Frau Pribovsky trat hervor und war die erste, die Herrn Ursiny die Hand reichte; ihr folgte bitterlich weinend die Witwe Mala und zwei Männer.

Dann hatte Peter Gelegenheit, zur Ehre des Herrn ein öffentliches Zeugnis abzulegen.

Dann beteten mehrere, und die Versammlung ging auseinander. Es waren Augenblicke, die die beiden jungen Leute nicht vergaßen; ebenso wurden sie nicht vergessen von der kleinen Versammlung in Podhrad. Sie behielten so leicht das klare Zeugnis der jungen Männer. Stephan war nicht umsonst nach Podhrad gekommen.

Bis lange in die Nacht hinein unterhielten sich die beiden Freunde. Peter bot sich bereitwillig an, bei den Pferden zu bleiben und zu schlafen, wofür ihm Stephan nicht genug zu danken wußte; denn er hatte viele Fragen, die ihm in Dubravatal niemand beantworten konnte. Er bat unter anderem den Freund, wenn es seine Zeit erlaube, ihn in Dubravatal zu besuchen.

„Wir sind wie Schafe, die keinen Hirten haben", klagte er und sah nicht den fragenden Blick in den

Augen des Freundes, aus dem man lesen konnte: Solange sie dich haben, du Teurer, sind sie nicht ohne Hirten.

Am anderen Morgen konnten sich die jungen Leute nur schwer von den Bewohnern der Apotheke trennen. Frau Pribovsky versprach Stephan, die Verwandten zu besuchen. Lange, nachdem der Wagen schon verschwunden war, schaute ihnen der Herr Provisor noch nach.

11. Die Rückkehr

Voller Freude und Glück, das sie bereit waren, jedem mitzuteilen, der in ihre Nähe kam, fuhren die beiden zurück nach Dubravatal. Es traf sich wieder, daß sie unterwegs manche mitnehmen konnten, besonders einen Trinker, der weit und breit als ein berüchtigter Raufbold bekannt war, und von dem man sich erzählte, daß er sich einmal im Winter Musikanten bestellt hatte, ihnen Geld gab, daß sie auf den hohen Birnbaum bei der Schenke kletterten; er lag unter dem Baum im Schnee, und sie spielten ihm oben. Diesem Menschen verbanden sie das verwundete Knie und nahmen ihn auf den Wagen; dann begann Stephan ihm zu erzählen, daß Gott den Menschen nach seinem Bilde geschaffen habe und daß er seinen lieben Sohn, den Herrn Jesus, gesandt habe, damit er uns zeigte, wie der Mensch sein soll. Der Mann fluchte erst und schimpfte auf Gott und Stephan; aber als Stephan mit freundlichen und ernsten Worten nicht aufhörte, ihm zu zeigen, daß er dem Teufel diene und wohin das führen müsse, weinte schließlich der Mann und sprach auf dem ganzen Weg kein Wort mehr. Bei ihm zu Hause angekommen, als er aussteigen sollte, mußten Stephan und Peter ihm helfen, denn sein Knie war ganz steif geworden.

„Flucht nicht!" sagte Peter seiner Mutter; eine

Frau hatte er nicht mehr, denn er hatte sie im Trunk einmal geschlagen, daß sie davon starb.

„Flucht nicht, Tante, auch ich bin auf solchen Wegen gegangen, und wenn meine Mutter fluchte, so half das weder ihr noch mir, sondern brachte mich nur in Zorn und ihr Schaden. Es ist besser, Ihr macht eine warme Suppe und gebt einen nassen Umschlag auf das verwundete Knie."

Die Frau wunderte sich, daß Peter so schön sprach, und noch mehr, als Stephan traurig anfing zu sagen: „Wie traurig sieht es hier bei Euch aus, nichts habt Ihr und seid selbst schuld daran; kahle Wände, kein ordentliches Bett, kein Kleid, die Kammer ist leer, die Hütte schlecht – und das durch Eure Schuld! Ihr lebt wie Tiere und nicht wie Menschen, betet mit uns für Euch, daß der Herr Jesus Euch von der Trunksucht befreie; er kann es tun, er, der mich befreit hat aus der Macht des Teufels, wird auch Euch befreien."

Stephan und Peter waren schon lange wieder fort, und noch immer dachte die Frau, wie sie hier gekniet und Gott um Hilfe gebeten hatten für ihren Sohn und für sie. Und ihr Sohn hatte zum erstenmal gemerkt, wie elend und unordentlich es hier war, ja gesehen und gefühlt, wie ein Mensch, der aus einem tiefen Traum erwacht, daß er wie ein Tier unter den Menschen lebte. Er wurde von Scham überwältigt; die kahlen Wände klagten ihn an, nur ihn, denn er hatte alles vertrunken und verschwendet, was er von seinem Vater ererbt und was die Frau ihm mitgebracht hatte. Seine Frau! Er dachte auf einmal an sie. Als er sie heiratete, hatte er sie gern, und nachher – nachher hatte er sie getötet. Sie könnte noch leben, wenn er sie nicht ins Grab gebracht hätte, und jetzt verklagt sie ihn bei Gott!

Der Mann weinte. Als ihn seine Mutter trösten wollte, stieß er sie weg: „Ihr habt mich trinken gelehrt, Ihr habt mich nicht gewarnt, als ich noch jung war! Ihr habt mir nie von Gott erzählt, Ihr seid schuld an allem!"

Die elende Frau schwieg, sie sagte kein Wort; denn was der Sohn sprach, war wahr. Sie trank und hatte ihrem Sohn zu trinken gegeben; sie trank mäßig und konnte dabei arbeiten und wirtschaften; er wurde ein Trinker und Verschwender. O wie schrecklich wird es sein in der höllischen Verdammnis, wenn die Kinder dort ihr und dem Vater sagen werden: „Du bist schuld daran, du, du!"

Inzwischen waren die beiden Gefährten nach Hause gekommen. Peter sprang bei seiner Hütte ab, nahm sein Garn und die Wolle, drückte Stephan dankbar die Hand und trat darauf in die Küche.

Frau Kratschinsky stand am Herd. Sie hatte die ganze Zeit nachgedacht, ob der Sohn das Geld für die Leinwand nicht wieder vertrinken und verschwenden werde. Es hätte sie nicht gewundert nach so vielen Erfahrungen, die sie mit ihm darin gemacht hatte.

Und jetzt trat er munter ein, fröhlich und so herzlich rief er: „Guten Abend, Mutter! Wie geht es dir?"

„Gottlob gut. Willkommen, mein Sohn! Wie ist dir's ergangen?"

Sie gingen in die Stube, die gerade gestern neu geweißt worden war. Peter legte seinen Packen nieder, band sein Bündel auf und überreichte der Mutter den Kuchen, den ihm Frau Pribovsky mit auf den Weg gegeben hatte, auch das neue Kopftuch, von dem er wußte, daß es sich die Mutter schon lange gewünscht hatte. Dabei erzählte er ihr, wie gut Frau Pribovsky gewesen sei, und richtete die Grüße von ihr aus.

Frau Kratschinsky wußte nicht, ob sie lachen oder weinen sollte vor Freude. Schließlich faßte sie mit beiden Händen den Kopf des Sohnes und küßte ihn. Seine Liebe überwältigte sie so, daß sie nicht wußte, wie sie ihre Freude für sich behalten konnte.

Sie ging schnell, ihm das Abendbrot zu bereiten. Er kam zu ihr in die Küche und erzählte ihr dort weiter. Als sie am Tisch saßen und aßen, legte er Rechnung ab, wieviel er für die Leinwand bekommen, was er für Garn und Baumwolle ausgegeben hatte, und teilte ihr mit, daß Frau Pribovsky ihm aufgetragen hatte, für Herrn Korimsky ein großes

Stück Leinwand für Küchenhandtücher und Taschentücher zu weben.

Das übrige Geld übergab Peter der Mutter.

„Gib mir nicht alles, mein Sohn, du sollst auch etwas für dich haben!“ wehrte ihm Frau Kratschinsky.

„Was Ihr mir freiwillig gebt“, sagte Peter, „werde ich gern nehmen; aber selbst werde ich keinen Kreuzer für mich zurückbehalten. Mehr als einmal habe ich Euch betrogen und bestohlen und zurückbehalten, soviel ich wollte; jetzt bitte ich Euch, vergebt es mir!“ Peter richtete seine schönen blauen Augen so bittend auf die Mutter, daß ihr wieder die Tränen kamen.

„Unterwegs dachte ich darüber nach, wie Ihr Euch habt plagen müssen, bis Ihr mich großgezogen habt, obwohl ich nicht Euer Sohn bin. Bis in den Tod bin ich Euch Dank schuldig, und ich werde ihn mit Gottes Hilfe beweisen.“

„Ach, mein Sohn, warum sprichst du davon?“ sagte traurig die Frau. „Als ich dich herbrachte nach dem Tode meines Jungen, war es mir, als ob ich ihn hätte, so tröstete ich mich mit dir. Solange für dich gezahlt wurde, fühlte ich, daß du fremd warst; nachdem es aber aufhörte und sich niemand mehr nach dir erkundigte, freute ich mich, daß ich dich behalten konnte. Jahre sind seitdem vergangen, und ich habe ganz vergessen, daß du nicht mein Kind bist. Nur möchte ich doch gern wissen, ob deine

Eltern noch leben und ob sie noch einmal nach dir fragen werden!"

„Meine Eltern?" Peter sprang auf. „Das möchte ich ihnen nicht raten! Und wenn sie vor Gottes Richterstuhl Anspruch auf mich machen wollten, würde ich ihnen sagen, daß ich sie nicht kenne und nicht kennen will; ich würde Euch bei der Hand nehmen und sagen: Das ist meine Mutter!"

Nie wird Frau Kratschinsky dem Sohn diese Worte vergessen; aber auch nicht den Ton, mit dem sie ausgesprochen wurden. Die ganze Bitterkeit einer verletzten Seele klang daraus.

Kein Wunder, von Kind auf hatte Peter viel ausstehen müssen wegen seiner Herkunft. Wenn sich jemand, ob klein oder groß, über ihn ärgerte, warf er ihm gleich seine Herkunft vor. Leider ist es ja so: Die Eltern sündigen gegen das Gesetz Gottes, und das Kind, das unschuldig ist, muß durch das Leben den Stempel der Schande tragen.

Ja, es ist schade um die schöne Stirn Peters, daß Vater und Mutter ihr statt einem Kuß jenen Stempel aufgedrückt haben!

Bis tief in die Nacht hinein sprachen Mutter und Sohn miteinander. In dieser Nacht versöhnte sich Frau Kratschinsky mit dem Gedanken, keine Schenke in ihr Häuschen zu bekommen, und daß Peter ein Schwärmer geworden war; denn ehe er ein Schwärmer war, hatte er ihr nie einen Funken Liebe erwiesen.

Auch bei Hradskys brannte das Licht lange. Hier saß um den Tisch die große Familie, und jeder hatte besondere Ursache, sich zu freuen. Stephan hatte nichts von den Aufträgen vergessen, er hatte günstig verkauft; aber nicht genug damit, er brachte auch verschiedenes mit, der Mutter Kaffee und Zucker von der Tante, für die Kinder bunte Bilder von Herrn Ursiny, für den Großvater Arznei gegen den Husten und für die Großmutter gegen Gicht. Sie stellten so viele Fragen, daß er sie kaum beantworten konnte. Man freute sich auch, daß Tante Pribovsky versprochen hatte, sie im Sommer zu besuchen, wenn die Herrschaft im Borovatal wohnen würde. Sie freuten sich, daß alles nach Wunsch gegangen war, am meisten aber, daß Stephan wieder bei ihnen war.

Als sie endlich schlafen gingen, blieb nur noch der Vater mit dem Sohn allein. Stephan kam erst jetzt dazu, ihm das Geld zu geben, und berechnete, was er verkauft hatte. Plötzlich stockte er, und in sein schönes, helles Gesicht stieg eine Röte.

„Es fehlt dir wohl etwas, hast du dich verrechnet?“ fragte Hradsky.

„Ja, Vater!“ sagte Stephan und schaute dem Vater offen in die Augen. „Es fehlt eine halbe Metze Mais, die ich nicht verkauft habe.“

„Nicht verkauft? Warum nicht?“ sprach Hradsky verwundert.

Stephan erzählte, wo er den Mais gelassen hatte,

und fügte hinzu: „Ihr sagtet, ich solle mir einen neuen Hut kaufen; ich habe ihn dafür nicht gekauft und werde mich noch mit dem alten behelfen. Gott verlangte von mir, diesen Leuten zu helfen; seid nicht böse darüber!“

„Ach Stephan, Stephan!“ seufzte Hradsky, „du wirst doch nie vergessen, was ich dir getan habe, und du denkst wie die andern: Wenn auch alle lernen Gutes zu tun, so müsse ich allein doch ein schlechter Mensch bleiben.“

Eine Weile schwieg Stephan. Schon wollte er seinen Vater um Verzeihung bitten, aber dann wurde sein Gesicht sehr ernst.

„Ich denke nichts Böses von Euch, mein Vater, sondern bitte den Herrn Jesus, daß er auch Euer Herz ganz zu sich bekehren möchte, und ich glaube, er wird es tun. Aber ich weiß nicht, denn Ihr habt es noch nicht gesagt und noch nicht gezeigt, ob auch Ihr mit uns von ganzem Herzen Gott dienen wollt. Könnt und möchtet Ihr mit Josua sprechen: ‚Ich aber und mein Haus, wir wollen dem Herrn dienen‘? Ihr seid ein guter Landwirt, Ihr wißt, daß wir Euch immer gehorsam waren, und die Arbeit geriet wohl. Fangt doch an, dem Herrn zu dienen, und wir alle werden Euch folgen, und dann wird sich keiner vor Euch schämen, nach dem Willen Gottes zu handeln und Gutes zu tun. Vater, entscheidet Euch doch heute! Sagt heute: ‚Ich aber und mein Haus wollen dem Herrn dienen.‘“

Hradsky erblaßte. „Weißt du, mein Sohn, weißt du, ich möchte gerne; aber ich kann nicht, denn ich bin ein sündiger Mensch."

„Kommt, wir wollen es dem Herrn Jesus sagen!" Stephan fiel auf seine Knie, und sein Vater folgte seinem Beispiel.

„Herr Jesus", rief er innig, „mein Vater möchte Dir dienen, aber er ist ein Sünder; o vergib ihm seine Sünden! Du bist ja gekommen, zu suchen und selig zu machen, was verloren ist; so hilf Du ihm, daß er Dir dienen kann! Amen."

Eine Weile knieten sie schweigend, dann öffnete der Geist Gottes auch Hradskys Mund, und mit einem Seufzer sprach er: „Gott, sei mir Sünder gnädig! Vergib mir meine schweren Sünden, vergib mir, was ich Stephan getan habe! Auch ich will Dir mit meinem Haus dienen, hilf mir dazu, nimm mich in Gnaden an! Amen."

* * *

Am anderen Morgen verwunderte sich Blaschko, der in der Mühle stand, nicht wenig, als ihn jemand grüßte und vor ihm – Hradsky stand. „Was will der nur?" dachte Blaschko; denn obgleich wegen Stephan die beiden Familien sich wieder genähert hatten, so waren die beiden einander meist ausgewichen und hatten nur wenig miteinander gesprochen.

Wenn man jahrelang nicht miteinander gesprochen hat, so fallen die ersten Worte immer schwer. Hradsky fielen sie besonders schwer; als er sie aber aussprach, war Blaschko überrascht.

„Ich bin gekommen, dich zu bitten, Schwager, daß du mir verzeihst, was ich wegen des Grenzsteins gegen dich geredet habe. Ich weiß jetzt, daß du ihn nicht versetzt hast, dafür bist du zu ehrlich. Vergib mir, und laß uns wie früher gute Nachbarn sein!“

„Wir wollen uns beide vergeben!“ sagte Blaschko und reichte ihm die Hand. „Es freut mich, daß du gekommen bist und daß alles wieder beim alten ist.“

Die beiden Männer atmeten erleichtert auf, als sie sich nach Jahren jetzt wieder freundlich anschauten.

12. Ein Besuch

Mehrere Wochen waren vergangen. Durch die Wälder schritt, ein Bündel über die rechte Schulter gehängt, Peter Kratschinsky. Er hatte seinen Abnehmern Leinwand gebracht und wieder neues Material mitgenommen. Er war gar nicht imstande, alles zu schaffen, soviel Kunden hatte er.

Er freute sich, daß er Gelegenheit gehabt hatte, den Leuten, die ihn fragten, ob es wahr sei, daß er ein Schwärmer geworden sei, zu sagen, was für ein Schwärmer er früher gewesen war, ehe er die heilige Wahrheit Gottes kannte, ehe Gott ihn angenommen und ihm die Sünden um Christi willen vergeben hatte, und wie glücklich er jetzt sei, da er in Gnaden angenommen war und der Herr Jesus sich ihm offenbart hatte. Sie hatten ihm zwar nicht glauben wollen, aber sie würden darüber nachdenken; das wußte er.

Und dann, wie er sich auch wehrte, mußte er darüber nachdenken, was ihm die Frauen gesagt hatten: „Peter, Ihr seid vom Militärdienst befreit; warum heiratet Ihr nicht? Eure Mutter ist nicht mehr stark und wird bald nicht mehr imstande sein, für Euch zu waschen und zu wirtschaften."

„Ich werde schon heiraten, wenn ich das Haus fertig habe", hatte er ihnen geantwortet, nur damit sie ihn in Ruhe ließen.

Und jetzt tönten die Worte beständig in seinen Ohren, und seinem Herzen gefiel der Gedanke gut. Er malte sich aus, wie schön er in diesem Sommer und Herbst die Hütte renovieren und eine Stube anbauen könnte.

Stephan hatte ihm versprochen zu helfen, Mischko auch. Ebenso Pavel Petran. Ja, selbst Onkel Blaschko hatte gesagt: „Die Steine werden wir mit Hradskys herzufahren." Zwei Maurer hatte er schon verpflichtet, und Stephan hatte ihm alles ausgerechnet. Mit solcher Hilfe, wie sie ihm versprochen war, würde es schnell gehen; er würde gar nicht merken, wie. Und dann? – Wozu brauchten sie die große Hütte, wenn er mit der Mutter allein bleiben sollte!

Die Frauen hatten wirklich recht. Die Mutter war schon alt, sie brauchte jemanden, der ihr beistehen konnte. Auch beim Handwerk konnte sie ihm nicht mehr soviel helfen wie früher.

„Ja", beschloß Peter, „wenn der Herr Gnade gibt, die Hütte fertig zu machen ohne Schulden, so werde ich heiraten. Aber eine andere nehme ich nicht als Marischka!" Das, was er jetzt halblaut ausgesprochen hatte, beschäftigte seine Gedanken schon über ein Jahr und besonders jetzt, seit sie gemeinsam auf dem schmalen Weg zum ewigen Leben wandelten.

Früher hätte er sich nicht getraut, vor Blaschko hinzutreten und ihn um seine Tochter zu bitten;

denn er war ja ein abgerissener Lump, und Blaschko war ein geachteter, wohlhabender Müller.

Heute glaubte er schon, eine Frau ernähren zu können. Und für Blaschko wäre es auch günstig, er hätte Marischka nahe, und sie könnte ihm auch noch helfen, bis Mischko einst heiraten und eine Schwiegertochter ins Haus bringen würde.

„Aber zuviel darüber nachdenken“, ermahnte er sich selbst, „darf ich nicht; auch will ich mich nicht zu sehr darauf freuen; denn wenn nichts daraus werden sollte, wie könnte ich es ertragen! Ich will Stephan fragen, was er dazu meint, ob Marischka mich mögen wird oder nicht. Wir haben uns ja immer gern gehabt von Kindheit auf, und ich möchte sie auf diesen meinen Händen tragen und, was ich ihr an den Augen absehen kann, tun. Ja, ich werde Stephan fragen und ...“

Er dachte nicht zu Ende; menschliche Tritte unterbrachen ihn. Er schaute auf und grüßte. Ein gut gekleideter Herr kam ihm entgegen. Seine Augen streiften ihn und maßen den schönen jungen Mann, dem nicht leicht ein anderer glich; und Peter bewunderte den Herrn.

„Wohin führt dieser Weg?“ fragte der Herr.

„Nach Dubravatal.“

„So? Und weißt du dort in dem Tal kein Haus, wo ich zwei bis drei Tage übernachten könnte? Natürlich für gute Bezahlung. Ich will diese Berge etwas besichtigen.“

„Oh, warum denn nicht", erwiderte Peter, „bei Blaschkos wäre schon ein Zimmer; dort wärt Ihr, Herr, sehr willkommen. Jedoch könntet Ihr auch bei uns bleiben; nur weiß ich nicht, ob es Euch gefallen würde, denn bei uns ist es sehr ärmlich. Das Zimmer würden wir Euch überlassen; die Mutter könnte in der Küche schlafen und ich in der Scheune."

„Nun, dann gehe ich mit dir; komm mit mir, ich habe den Wagen in der Nähe, trage mir den Koffer und die Decke. Das Weitere wird sich finden."

„Gut, mein Herr."

Nach etwa einer halben Stunde erreichten sie zusammen die Anhöhe in Richtung Tal, auf dem Wege an der Papiermühle vorbei. Peter trug das ganze Gepäck des Herrn; dieser schritt nur mit dem Stock in der Hand.

„Mir scheint, du hast Leinwand in dem Beutel; bist du Weber?" fragte der Unbekannte Peter.

„Ja."

„Und wie geht das Handwerk?"

„Gut, dem Herrn sei Dank; seit ich ein neues Leben angefangen habe, geht mir mit Gottes Hilfe alles gut."

„Was, ein neues Leben? Hast du einen günstigen Vertrag abgeschlossen, daß dir jemand die Waren abnimmt?"

Peter lachte. „Das nicht, obgleich ich einen Vertrag abgeschlossen habe. Ich diente früher einem

Herrn und jetzt einem anderen. Der eine hat mich um alles gebracht, er hat mich geplagt, mir alles genommen; jetzt habe ich einen guten Herrn. Da habe ich den Vorteil, daß er mir bei der Arbeit hilft und daß er mir schließlich noch Bezahlung versprochen hat."

Mit unverhohlenem Interesse schaute der Fremde in das frische Gesicht des jungen Mannes.

„Und wie meinst du das mit den beiden Herren?"

„Der frühere war der Teufel und die Welt, und der jetzige ist der Sohn Gottes, der Herr Jesus. Seht mich nicht so verwundert an, Herr, und seid nicht böse; ich sage das nicht bloß so, sondern es ist wirklich wahr, und wenn Ihr wollt, werde ich es Euch erklären."

„Ja, das sollst du mir erklären, denn sonst muß ich denken, du hältst mich zum Narren", sagte der Fremde mit finsterer Stirn, von der er unter dem Hut das goldene Haar zurückstrich.

Bereitwillig erzählte ihm Peter, wie er von Kindheit auf dem Teufel gedient hatte, bis zu der Stunde, als er halb erschlagen am Weg lag, dem Kältetod ausgesetzt, und wie er jetzt glücklich lebte im Dienst des gnädigen Herrn Jesus.

Je lebhafter er erzählte, um so schöner wurde sein Gesicht, und um so aufmerksamer betrachtete ihn der Fremde.

Wer weiß, dachte Peter, ob nicht auch dieser Herr

einer von denen ist, von welchen Stephan erzählte, daß sie weder Gott noch Christus kennen und nichts glauben, als was sie mit ihren Augen sehen. Darum bemühte er sich so eifrig, den Herrn Jesus vor ihm zu rühmen, der allein einen Menschen von der Sünde befreien kann.

„Und jetzt fühlst du keine Neigung mehr zu dem früheren liederlichen Leben, kein Verlangen zum Trinken, Kartenspielen, Tanzen und dergleichen?"

„Nein, der Herr Jesus hat mich befreit. Er hat mir auch die Lust dazu genommen. Ich verachte jetzt alles das, was ich früher liebte, und liebe, was ich früher aus Unkenntnis und im Unglauben mit Füßen trat. Bitte, mein Herr, seid nicht böse: Kennt Ihr auch diesen meinen Heiland und dient Ihr ihm? Seid Ihr errettet?"

Der Fremde lachte.

„Ob ich Ihn kenne? Ich bin doch evangelisch! Aber deine aufrichtige Frage will ich aufrichtig beantworten, daß ich ihm schwerlich diene; und errettet, wie du es meinst, bin ich nicht."

„Nicht? Und wann werdet Ihr dem Herrn Jesus dienen, der sein Leben für Euch hingab? Wann wollt Ihr Euch befreien lassen?"

Der Unbekannte streifte verwundert den bittenden und zugleich vorwurfsvollen Blick des jungen Mannes. „Vielleicht nie; denn ich weiß nicht, wann. Mir wäre es nicht möglich, auch wenn ich mich von der Welt ausschließen wollte. Ihr hier in euren Bergen könnt leicht Christus dienen; euch kann niemand und nichts daran hindern; aber wir –. Wenn du wüßtest, welche Stellung ich in der Welt habe, würdest du mir glauben, daß ich dem Herrn Christus nicht dienen kann."

„Bitte, Herr, sagt es mir; ich will Euch beweisen, daß Ihr Euch irrt!"

„Du willst es mir beweisen? Nun, ich bin neugierig. So wisse: Ich war Ingenieur bei der Eisenbahn. Die halbe Zeit meines Lebens, Tag und Nacht habe ich auf Reisen zugebracht und die andere Hälfte in Gesellschaften, die, wenn sie auch nach dem Augenschein nicht so abscheulich sind wie eure Wirtshausgesellschaften, in Wirklichkeit vielleicht noch schlimmer sind. Nun, wie soll man da dem Herrn Christus dienen?"

„Ach Herr, ich merke, daß Ihr meinen Heiland nicht kennt; denn er sagt: ‚Siehe, Ich bin bei euch.' Und wenn er für Euch starb, war er sicher auch immer bei Euch, gerade so, wie er auch bei mir war, obgleich ich nicht an ihn gedacht habe. Wenn wir einen Herrn haben, der immer bei uns ist, so müssen wir ihm auch immer dienen können."

Der Unbekannte schüttelte den Kopf. „Auch in so schlechter Gesellschaft?" fragte er bitter.

„Mußtet Ihr denn dort bleiben?"

„Ja, denn sonst hätte ich meine Stellung verloren, oder, was du besser verstehen wirst, ich wäre um mein Brot gekommen."

„O Herr, das glaube ich Euch nicht! Mir sagten die Leute, daß mir niemand mehr Arbeit geben würde, weil ich ein Schwärmer geworden sei (so nennen uns hier im Dubravatal die Leute, die an den Herrn Jesus nicht glauben); doch ich dachte: Ich vertraue auf Gott, Er wird mich doch nicht Hungers sterben lassen. Und was geschah? Weil ich gut webe, kommen sie doch alle zu mir. Und wenn Ihr ein guter Ingenieur seid, so wird man Euch gewiß nicht wegen Eurer Frömmigkeit fortschikken, auch wenn Ihr nicht in diese Gesellschaften gehen wollt."

Wieder lächelte der Unbekannte, und seine Augen ruhten mit steigendem Wohlgefallen auf dem jungen Mann.

„Du kannst dich gut verteidigen; aber – es ist wahr – wie heißt du?"

„Peter Kratschinsky."

„Kratschinsky?" wiederholte der Unbekannte.

„Habt Ihr den Namen schon gehört? Es ist gut möglich, denn Kratschinskys gibt es viele; aber sie sind nicht verwandt mit meiner Mutter."

„Ja, mir scheint, ich habe diesen oder einen ähnlichen Namen schon gehört. Es ist möglich, daß einer von meinen Arbeitern so hieß. Ging dein Vater nicht auf Arbeit?"

„Mein Vater?" Um Peters Lippen zuckte es schmerzlich. Dem Unbekannten entging es nicht. „Ich weiß nicht."

„Das weißt du nicht? Starb er, als du noch klein warst?"

„Es ist möglich, daß er noch lebt."

„So! Hat er etwa deine Mutter verlassen und ist wie so viele Slowaken nach Amerika gegangen und nicht zurückgekehrt? Gib die Hoffnung nicht auf, er kann ja noch zurückkommen!"

„Gott bewahre mich davor, daß ich je mit ihm zusammenkomme!" seufzte schmerzlich Peter.

„Bist du ihm so böse? Was wird dein Herr dazu sagen?" scherzte der Unbekannte.

„Ich fluche ihm ja nicht, sondern ich bete für ihn, daß er, wenn er noch lebt, sich bekehren möge, und wenn wir vor Gottes Thron zusammenkommen, werde ich ihm die Hand reichen; aber hier auf Erden möchte ich ihn nicht sehen. Der Herr weiß es, daß es keine Kleinigkeit ist, einen geborgten Namen zu tragen und jeden Augenblick Schimpfworte zu hören, wie man sie solchen verlassenen, ausgestoßenen Kindern gibt. Es ist wahr, ich kann nichts dafür, daß mein Vater und meine Mutter keine ehrbaren Leute waren; aber das schmerzt mich und wird mich schmerzen, solange ich lebe, daß ich Eltern hatte, die sich vor Gott nicht schämten, als sie sündigten, aber sich nachher vor den Menschen schämten. Und um ihre Sünde zu verdecken, gaben sie mich einer fremden Frau zum Großziehen. Die ersten Jahre zahlten sie für mich Geld, dann blieb auch das aus. Wäre die fremde Frau nicht barmherzig gewesen, so konnte sie mich in Hunger und Kälte sterben lassen. Ich hätte es Euch nicht gesagt, Herr, aber Ihr sollt nicht denken, daß ich dem Herrn Jesus schlecht diene, weil ich meinen Vater nicht sehen möchte. – Doch dort sieht man schon Blaschkos Mühle, gleich sind wir zu Hause!"

„Also, die Frau, die du deine Mutter nennst, ist es gar nicht?" fragte nach einer Weile des Schweigens der Fremde. Es mußte ihm heiß sein; denn er wischte sich den Schweiß von der Stirn und fächelte sich Luft in das gerötete Gesicht.

„Vor der Welt nicht, vor Gott ja, denn sie hat mich erzogen."

„Es wird gut sein, wenn du mich ihr erst anmelden gehst; ich werde mich hier ein wenig ausruhen, dann kannst du mich abholen kommen."

„Wie Ihr wollt, Herr! Aber das Gras ist feucht, und Euch ist warm; Ihr könntet Euch erkälten."

Peter warf das Bündel ab, nahm die Decke heraus und breitete sie aus, knüpfte das Bündel wieder zu, nahm es über die Schulter und ging davon. Doch schritt er nicht mehr so fröhlich weiter wie vorhin.

„Warum habe ich dem Fremden meine Geschichte erzählt? Was geht es ihn an? Brauchte er denn zu wissen, daß ich den ehrlichen Namen Kratschinsky nur geliehen habe? Doch, wenn es alle wissen können, auch Marischka, warum nicht auch dieser

Fremde! Aber wird Marischka mich mögen, obwohl ich nicht einmal meinen eigenen Namen habe?" Dieser Gedanke durchzuckte sein Herz wie ein Schwert. Aber er kam nicht dazu, weiter darüber zu grübeln; denn er hörte seinen Namen rufen; es war Marischka.

Wie vor der Sonne schwanden die Wolken aus seinem Gesicht. Er trat an den Zaun, hinter dem die Kameradin stand, und nahm ihre dargebotene Hand.

„Was hast du alles gekauft! Das ist doch nicht alles für Leinwand?" meinte sie verwundert.

„Ach nein!" und in Kürze erzählte er ihr, was er trüge und für wen.

„Ich weiß bloß nicht", fügte er hinzu, „wie es ihm bei uns in der armen Hütte gefallen wird."

„Ach, wie du sprichst, Peter!" entgegnete ihm Marischka; „der Sohn Gottes hatte nichts, wo Er Sein Haupt hinlegen konnte, und du bist auf einmal unzufrieden? Stephan sagt, daß der Herr Jesus in unseren Hütten wohne und mit uns bei Tische sei; Er schaut auch dir zu, wenn du webst, und ist gerne bei euch. – Ich ging auch von jeher gerne zu euch, weil deine Mutter immer so schön getünchte und bemalte Wände hatte, daß es eine Freude war; und da du immer allein warst, wurden sie nicht so beschädigt wie bei uns."

„So hat es dir bei uns gefallen, Marischka?" Peters Herz jubelte vor Freude; doch fuhr er fort:

„Aber doch, wenn du unsere Stube mit Eurer Vorderstube vergleichst, so siehst du, wie armselig es bei uns ist, und alles durch meine Schuld. Hätte ich eher ein neues Leben angefangen, so wären wir jetzt besser dran. Nun, wenn wir noch das Zimmer bauen, so wird es mit Gottes Hilfe bei uns schon anders aussehen; es liegt jetzt nur noch an mir. Aber ich muß eilen, die Mutter zu benachrichtigen, damit sie alles vorbereiten kann."

„Ich gehe mit dir, Peter, um ihr zu helfen", bot sich das Mädchen zur großen Freude des Kameraden bereitwillig an. Sie ging wirklich mit.

„Wie gut es sich trifft! Gerade gestern half ich deiner Mutter die Betten überziehen; sie hatte gewaschen. Da wird der Herr, wenn er müde ist, noch einmal so gut ruhen."

Unter solchem Gespräch kamen sie zur Hütte. Frau Kratschinsky hatte das Geschirr gewaschen, und verschiedenes lag noch umher. Als man ihr es sagte, war sie gern bereit, den Gast aufzunehmen, obwohl Peter nicht davon gesprochen hatte, daß der Fremde bezahlen wolle. Gerne nahm sie Marischkas Hilfe an.

„Den Sand werde ich wegkehren, Tante, damit er ihm nicht unter den Füßen knirscht."

„Tue, wie du denkst, daß es nur recht schön wird! Und du, Peter, trage deine Stiefel weg und räume den Webstuhl auf, du wirst ja heute doch nicht mehr weben!"

„Das werde ich schon alles besorgen, Peter; gehe nur den Herrn Ingenieur holen, damit er nicht zu lange warten muß."

Peter hätte zwar lieber zugesehen, wie Marischka bei ihm wirtschaftete; aber da sie ihn gehen hieß, gehorchte er und stand bald darauf vor dem Fremden. Derselbe schrieb etwas, aber eben schloß er das Buch, stand auf und ging Peter entgegen.

„Nun, wie ist es? Werde ich ein Nachtquartier bekommen?" fragte er, noch wie in Gedanken versunken, und nahm Peters Hand zwischen seine beiden feinen Hände.

„Die Mutter wird Euch gern aufnehmen", antwortete er herzlich, fügte aber nicht mehr hinzu, „wenn Ihr damit vorliebnehmt"; denn er dachte, wenn es der Marischka bei uns gefällt, und wenn der Sohn Gottes uns besuchen mag, so muß es auch für diesen Herrn gut genug sein.

Um so mehr entschuldigte sich Frau Kratschinsky, als er unter ihr Dach trat.

Peter mußte zu Hradskys eine Kleinigkeit hinbringen, die er von B. mitgebracht hatte, und Frau Kratschinsky bereitete für den Herrn Ingenieur Eier, um die er gebeten hatte.

Der Fremde saß auf der alten eichenen Bank, den Kopf in die Hände gestützt. Er schaute sich in der Stube um mit einem so eigentümlichen Blick, als wolle er jeden Gegenstand seinem Gedächtnis einprägen. Es kam ihm gewiß alles sehr ärmlich vor.

Durch die kleinen Fenster fiel nur spärliches Licht herein. Es beleuchtete die niedrigen weißen, mit Geschirr behangenen Wände und den großen Kachelofen in der Ecke. Neben diesem stand das Bett hoch aufgebettet mit frisch gewaschenen Bezügen; in der anderen Ecke der Webstuhl, über dem an den alten, krummen Balken das Bücherbrett befestigt war sowie eine Stange, an der verschiedene Kleidungsstücke hingen. An beiden Wänden entlang standen Bänke, zwischen ihnen ein eichener Tisch mit einem weißen Tischtuch gedeckt. Auf der einen Ecke des Tisches lag das Brot und in der Mitte die Bibel. Die Tür war so niedrig, daß sich Peter beim Eintreten ordentlich bücken mußte. Man sollte es kaum glauben, daß in dieser niedrigen Hütte ein so großer, stattlicher junger Mann so schlank wie eine Tanne aufwachsen konnte.

„Unmöglich!" sprach plötzlich der Mann zu sich selbst, „ich muß mich gleich überzeugen! Wenn er es aber wäre?" Und sein Kopf sank auf den Tisch wie unter einer schweren Last.

Indem trat Frau Kratschinsky ein und störte ihn auf aus seinen Betrachtungen. Sie brachte ihm Eierspeise, Milch und Schwarzbrot und nötigte ihn, zuzulangen, mit der Herzlichkeit einer echten slowakischen Frau.

„Setzt Euch etwas zu mir!" sagte ihr der Herr.

Sie fühlte sich nicht wenig geehrt, schob den alten Stuhl näher und setzte sich ihm gegenüber.

„Habt Ihr nur den einen Sohn?“ begann dann der Fremde, nachdem er ihr eine Weile zugehört hatte, wie sie die schöne, angenehme Witterung lobte.

„Nur den einen, Euer Gnaden (die slowakische Anrede Vornehmen gegenüber); und auch den habe ich nur angenommen.“

„So? Wohl aus der Verwandtschaft?“

„Ach nein, er ist einer von den Ärmsten, die weder Vater noch Mutter haben; Sie verstehen mich ja!“

„Ja, ich verstehe.“ Der Herr legte die Gabel beiseite und schob den Teller zurück. „Und wie seid Ihr zu ihm gekommen? Ich hörte, daß in den slowakischen Gegenden viele solcher Kinder erzogen werden, die von Wien kommen; habt Ihr ihn auch von dort?“

„Ach nein! Eine solche Plage würde ich mir nicht aufladen!“ sagte die Frau und schüttelte verächtlich den Kopf. „Ich arbeitete in Z., und dort ließ mich die Frau Doktor rufen und fragte mich, ob ich nicht eine gesunde Frau wüßte, die ein Kind in Pflege nehmen wolle. Ich bat, es mir zu zeigen, und als sie mir das schöne Kindchen brachte, tat es mir leid; auch, um die Wahrheit zu gestehen, war ich arm, und was sie mir zu zahlen versprach, war für uns eine große Hilfe. So versprach ich, das Kind zu nehmen. Es war noch sehr klein und hätte so der mütterlichen Pflege bedurft. Ich erfuhr auch, daß die Mutter dort beim Doktor war, denn als das

Kind weinte, brachte man es zu ihr; doch gesehen habe ich sie nicht. So nahm ich denn Peter (die Frau Doktor hatte mir gesagt, daß er so hieß) mit nach Hause. Die drei ersten Jahre wurde mir ordentlich für ihn gezahlt. Ich ging immer zur bestimmten Zeit nach Z., um das Geld zu holen, wobei ich den Jungen immer mitnahm. Die arme Frau Doktor – möge ihr die Erde leicht sein – küßte ihn immer ab. Als ich das letzte Mal mit ihr zusammenkam und mich nach den Eltern erkundigte, sagte sie mir, sie könnten noch nicht heiraten; aber es würde nicht mehr lange dauern, dann nähmen sie das Kind zurück. Ja, schön nahmen sie es zurück!

Im Herbst darauf starb die Frau Doktor plötzlich, und als ich hinkam, zahlte mir schon der Herr Doktor aus und sagte, er habe meine Adresse der Mutter des Kindes geschickt, und diese werde mir von jetzt an das Geld senden. Sie schickte auch einigemal nicht nur Geld, sondern auch Kleidchen für das Kind und einen Brief, daß sie es bald abholen werde. Ich wartete und wartete, und als sie nicht kam, ging ich wieder nach Z. fragen. Aber dort war inzwischen ein anderer Arzt hingekommen, so blieb das Kind bei mir. Die Frauen rieten mir, es nach Wien ins Findelhaus zu bringen. Auch den Herrn Pfarrer habe ich um Rat gefragt; er sagte mir, daß er es in die Zeitung setzen und so die Mutter zwingen wolle, sich zu melden. Aber dann überlegte ich mir: Du hast selbst keine Kinder, du kannst den Knaben großziehen, damit du in deinen alten Tagen jemanden hast, der für dich sorgt. Und so ist es denn geblieben.

Aber Euer Gnaden, warum eßt Ihr nicht? Ihr seid gewiß müde vom Weg; vielleicht möchtet Ihr Euch lieber hinlegen. Verzeiht einer alten Frau, daß sie Euch so lange mit ihren Erzählungen aufhält."

Frau Kratschinskys forschendem Blick entging es nicht, daß der Herr immer blasser wurde.

„Ihr haltet mich nicht auf", sagte er, indem er sich hastig aufrichtete, „zeigt mir den Brief, wenn Ihr ihn noch habt! Habt Ihr nicht von den Kleidchen noch etwas?"

„Den Brief und auch die Kleider habe ich alle noch; denn sie waren Peter zu klein, er konnte sie nicht tragen. So habe ich sie aufbewahrt; vielleicht könnte die Mutter ihn noch einmal daran erkennen."

Bereitwillig begann Frau Kratschinsky in der Truhe zu suchen; sie nahm ein Bündel heraus und knüpfte es auf.

„Hier ist es."

Der Herr schaute ein Stück nach dem anderen an; die Hände zitterten ihm dabei. Jedes Hemdchen war mit dem Namen bestickt, mit einem verschlungenen Monogramm. Als er den mit einer schönen weiblichen Handschrift geschriebenen Brief durchgelesen hatte, wankten ihm die Füße; er mußte sich wieder an den Tisch setzen.

Die Frau räumte die Sachen wieder weg. „Ich weiß nicht, wofür ich die Sachen noch aufhebe; die Mutter wird doch gewiß nicht mehr kommen, daß sie den Sohn daran erkennen könnte."

„Nein!" kam es von den Lippen des Gastes, „denn sie ist schon lange tot. Sie starb in dem Jahr, in dem sie den Brief geschrieben hatte."

„Was Ihr sagt, Euer Gnaden!" Frau Kratschinsky schlug die Hände zusammen, „und Ihr kanntet sie?"

„Ja!"

„Seid, bitte, nicht böse! Aber kanntet Ihr vielleicht auch Peters Vater?"

Der Herr nickte nur stumm mit dem Kopf.

„Und lebt er noch?"

„Ja, er lebt."

Im Zimmer wurde es still.

Frau Kratschinsky hatte nicht den Mut, weiter zu fragen. Plötzlich erhob sich der Gast und sagte:

„Es war Peters Vater bis heute nicht möglich, für seinen Sohn zu sorgen; denn durch den Tod des Doktors und den Tod der Mutter verlor er jede Spur seines Kindes. Doch jetzt, wo ich sie gefunden habe, werde ich meiner Pflicht nachkommen."

Der Herr Ingenieur nahm sein Portemonnaie hervor. „Ich will Euch gleich etwas geben, wir werden uns schon einigen."

Er legte drei große Banknoten auf den Tisch.

„Nehmt vorläufig dies, und von jetzt ab geht jedes halbe Jahr auf die Post nach M., Ihr werdet regelmäßig ausbezahlt bekommen bis zu Eurem Tode."

„Aber Euer Gnaden, warum gebt Ihr mir so viel? Ihr seid ein zu gütiger Herr; aber wer weiß, ob es Peters Vater recht sein wird?"

„Ich kenne ihn; es wird ihm recht sein. Nur eins bitte ich, sagt niemandem, daß ich es Euch gegeben und vermittelt habe, wenigstens solange ich hier bin. – Aber Ihr habt recht; ich werde mich zur Ruhe begeben, ich bin müde!"

Schon eine Weile bewegte sich Frau Kratschinsky bei der Arbeit im Hofe, und noch immer war es ihr wie ein Traum.

Wer hätte je gedacht, daß sie auf ihre alten Tage so gut versorgt sein würde! Und daß Peter selbst einen Menschen ins Haus brachte, der seine Eltern kannte! „Also die Mutter ist gestorben und konnte deshalb nicht kommen; da haben wir ihr so oft Unrecht getan. Wie werde ich es aber Peter erklären, woher ich das viele Geld habe? Er ist so böse auf seine Eltern und will nichts von ihnen wissen. Er würde es vielleicht gar nicht annehmen, wenn er es wüßte; und doch können wir es zu dem Bau so gut brauchen."

Als Peter zurückkam, fand er die Mutter in sehr guter Stimmung. Sie sagte ihm, der werte Gast schlafe schon.

Müde von dem Weg ging Peter in den Holzschuppen schlafen und bald darauf schlief er den gesunden, sorglosen Schlaf der Jugend. Er merkte nicht, daß sein Gast über ihm stand und in sein Gesicht schaute, als wolle er sich seine Züge ins Herz prägen, um sie nicht mehr zu vergessen. Der Fremde fuhr sich mit beiden Händen durch die Haare in bitterem Schmerz und sagte in einer Sprache, die Peter ohnehin nicht verstanden hätte: „Ich besitze Reichtümer und nenne einen Palast mein eigen, und mein Sohn, mein einziges Kind, das mich durch mein ganzes Leben hätte glücklich machen können, liegt hier auf dem blanken Stroh! Ohne Erziehung aufgewachsen wie ein Bauernlump, der auf offener Straße erfrieren konnte. Was ich an ihm verloren habe, können mir alle Schätze der Welt nicht ersetzen!"

13. Der Unbekannte

Am dritten Tag nach der Ankunft des Fremden im Dubravatal stand vor der Hütte, an den alten Nußbaum gelehnt, Peter Kratschinsky in Gedanken versunken. Er hatte vieles zu überdenken. Wer hätte es ihm gesagt, daß er Gelegenheit haben würde, vor solch einem gebildeten Herrn Zeugnis abzulegen! Wenn es noch Stephan gewesen wäre; aber er, Peter! – Und doch war es so. Gestern hatte er den ganzen Tag Zeit gehabt, mit dem Herrn Ingenieur über göttliche Dinge zu reden, als sie zusammen durch die Wälder gingen.

Und was für ein lieber Mensch dieser Herr Ingenieur war! Je länger man mit ihm zusammen war, um so mehr wünschte man, bei ihm zu bleiben.

Etwas schüchtern hatte Peter ihn gestern zu Blaschkos in die Bibelstunde, die Stephan seit der Rückkehr aus Podhrad jeden Sonnabend dort hielt, eingeladen; und zu seiner großen Freude war der Herr Ingenieur wirklich mitgegangen, und weil er ging, war auch die Mutter mitgekommen. Vor der Stunde, als man noch auf Suska Polák wartete, hatte er so freundlich mit allen Anwesenden gesprochen und ihnen gute Ratschläge gegeben für die Hebung der Wirtschaft und des Handels. Auch darüber freute sich Peter, daß der Herr Ingenieur der Marischka sehr gefiel. Er war zu ihr besonders freundlich gewesen, wahrscheinlich deshalb, dachte Peter, weil er ihm erzählt hatte, daß sie die einzige war, die ihn von Kind auf zum Guten angehalten hatte, obgleich sie jünger war als er.

Als sie durch die Wälder gegangen waren und der Herr Ingenieur ihn gefragt hatte, ob er nicht ans Heiraten denke, hatte er nicht anders gekonnt, als zu bejahen und zu sagen, wen er nehmen wolle. Auch seine Befürchtungen hatte er ausgesprochen, ob Marischka ihn mögen würde, obgleich er so arm sei. Blaschkos waren immer reiche Leute gewesen, und die Töchter aus diesem Hause hatten immer reiche Bauern geheiratet; und er war nur ein armer Handwerker, der nicht einmal seinen eigenen Namen trug und dem man immer vorwerfen konnte, daß Frau Kratschinsky ihn aus Barmherzigkeit angenommen habe.

Diese Worte hatten den Herrn Ingenieur irgendwie unangenehm berührt, und Peter war auf etwas anderes zu sprechen gekommen.

Im Laufe des Gesprächs hatte auch Peter den Herrn gefragt, ob er Familie habe.

„Ich habe eine Frau“, hatte er geantwortet, „sonst niemanden, den ich mein nennen könnte; aber“, hatte er plötzlich hinzugefügt, als wenn er sich dessen erinnerte, „ich habe auch einen Sohn gehabt, doch jetzt habe ich ihn nicht mehr. Es geht uns ähnlich: Du hast keinen Vater, ich keinen Sohn. Aber doch ist ein Unterschied: Du bist jung, und wenn du heiratest, kannst du eine Familie haben; ich dagegen werde nie mehr jemanden haben."

Der Herr tat dem Peter leid.

„Ist es schon lange her, daß Euch der Sohn starb?" hatte er gedankenvoll gefragt; aber da war ihnen gerade der Jäger begegnet, und nachher sprachen sie nicht mehr davon.

Dort bei Blaschkos hatte Stephan einen Text vorgelesen, der auch besonders für den Herrn Ingenieur paßte, obgleich Stephan es nicht wußte.

„Ich habe Kinder aufgezogen und erhöht; aber sie sind von mir abgefallen."

Und Stephan hatte gesagt: „Wie es einem Vater weh tut, wenn er Söhne aufgezogen hat, die ihn verlassen, ihn verachten und sich schämen zu sagen, wem sie ihr Leben verdanken, so schmerzt es auch den himmlischen Vater, der uns das Leben gab und erhielt, wenn wir Ihn nicht kennen wollen, wenn wir uns seiner vor den Menschen schämen.

Aber es gibt auch Fälle, daß dem Vater ein Sohn verlorengeht, auch das ist sehr schmerzlich. In unserem Regiment war einem Hauptmann der kleine Sohn verlorengegangen; da hättet ihr sehen sollen, wie sich der Mann anstellte. Alle sind wir suchen gegangen, bis wir ihn gottlob, fanden. Das war eine Freude!

Auch unser himmlischer Vater hat viele solche verlorenen Kinder. Sein Herz blutet, so wie das

Herz jenes Hauptmanns; es schmerzt ihn so, daß er seinen eingeborenen Sohn, den Herrn Jesus, sandte, damit er die verlorenen Kinder suche. Und wenn eins gefunden ist, wie groß ist dann seine Freude!

Wenn unter uns so ein verlorener Sohn, eine verlorene Tochter ist: O laßt euch von dem Herrn Jesus finden! Er ist bis hierher gekommen, euch zu suchen.

Stelle dir vor, du wärest so ein Vater und hättest einen Sohn, den du nie ans Herz drücken könntest!"

So ungefähr hatte Stephan gesprochen. Anfangs hatte der Herr Ingenieur ihn angeschaut, dann aber die Stirn in die Hände gebeugt zugehört.

Als Peter am Morgen im Begriff war, zur Versammlung zu gehen, wollte er auch den Herrn Ingenieur dazu einladen; doch der hatte von selbst gesagt, daß er mitgehen wolle.

„Und geht ihr nicht in die Kirche?" hatte er unterwegs gefragt.

„Wenn es bei uns zu Ende ist, kann, wer will, noch nach M. zur Kirche gehen; es ist immer noch gut Zeit. Stephan geht aber nicht, und ich war auch schon lange nicht mehr; denn die jungen Leute ließen uns nicht in Ruhe. Und wenn ich manchmal dort war, und ich sah den Herrn Pfarrer, da fiel mir immer ein, wie er mich auf der Straße hätte erfrieren lassen; das verstimmte mich immer so, daß seine Predigt auf mich gar keinen Eindruck machte.

Und das letzte Mal, als ich dort war, begann er von Schwärmereien zu reden und daß solche Schwärmer bei uns aufständen. Es war damals, als Stephan von der schweren Krankheit zu genesen anfing und wir uns bei Hradskys versammelten. Das ärgerte mich. Wenn wir Schwärmer sind, und man zieht von der Kanzel aus über uns her, was haben wir dann dort noch zu suchen?"

Der Herr Ingenieur hatte erwidert: „Die Verleumdung hat ein Vergrößerungsglas. Wer weiß, was die Leute dem Pfarrer über euch gesagt haben, und er hat es geglaubt. Warum geht keiner von euch hin und erklärt ihm den Irrtum? Was ihr tut und sagt, muß ein Pfarrer doch nur gutheißen. Ich sehe und höre nichts bei euch, was auch nur an Schwärmereien und Irrlehren grenzte."

Sie hatten heute eine längere Weile mit Stephan darüber gesprochen. „Ich bin auch dafür!" hatte Blaschko gemeint, der jeden Sonntag zur Kirche ging und nur heute durch den Herrn Ingenieur aufgehalten wurde.

Stephan meinte zwar, es würde umsonst sein; aber da sie es für gut hielten, hatte er sich bereit erklärt, gleich morgen auf das Pfarramt zu gehen und sich zu verantworten.

Peter freute sich besonders über diesen Entschluß; denn als die Mutter von der Kirche zurückkehrte, erzählte sie, was der Herr Pfarrer gepredigt hatte, wie er gegen die Schwärmer gewettert hatte, und daß er mit der Faust auf die Kanzel geschlagen hatte mit den Worten: „Laß dich nicht von den Schwärmern verführen, Volk Gottes!“ Es würde gut sein, wenn Stephan den Herrn Pfarrer überzeugen ginge. Über alle diese Dinge dachte Peter nach.

Der Herr Ingenieur war zu Blaschko gegangen. Er wollte ihm zeigen, wie leicht er seine Mühle umbauen könne, damit das Wasser besser auf das Rad falle.

„Soviel Wasserkraft“, sagte er, „könnte sogar zwei Räder treiben.“

Dann wollte er mit ihm und Hradsky auf die Wiese gehen, wo der Grenzstein stand, um den sie sich so gestritten hatten, um ihnen zu raten, wie sie gegen die Überschwemmung Abhilfe schaffen könnten.

Hradsky war ein tüchtiger Landwirt. Wenn er etwas Neues hörte oder sah, versuchte er gern bei sich.

Blaschko war einer von den „Alten“. Er liebte die Neuerungen nicht, und ein anderer Bauer hätte ihn nicht dazu gebracht, Änderungen einzuführen; einem Ingenieur glaubte er eher.

Also, der Herr Ingenieur war mit ihnen dort. Peter war inzwischen die Kuh füttern gegangen und wartete auf ihre Rückkehr. Er wartete ungeduldig; denn die Mutter hatte ihm gesagt, der Herr Ingenieur habe davon gesprochen, daß er sich noch ein paar Tage, vielleicht auch eine ganze Woche, hier aufhalten wolle. Peter wollte ihn fragen, ob es wahr sei. Allen würde es eine große Freude sein.

Stephan war gleich nach der Versammlung am Morgen nach Borovskytal gegangen; denn dort hatte der Herr Apotheker Korimsky ein Haus im Walde und wohnte darin jetzt mit seinem noch immer kranken Sohn Nikolaj. Stephans Großmutter hatte ihre Bedienung übernommen, und Stephan ging sie besuchen und hatte zugleich für Herrn Nikolaj einen Brief von Bruder Ursiny hinzubringen. Bruder Ursiny hatte ihn an Stephan adressiert und diesen gebeten, ihn hinzubringen, weil er auch traurige Nachrichten enthielt, damit der ihn zugleich trösten könne.

Ursiny hatte Stephan zugleich mitgeteilt, daß der Herr Apotheker von seiner Frau geschieden sei und daß die Frau vor Jahren einen gewissen Baron Rainer geheiratet habe. Als sie aber erfahren hatte, daß ihr Sohn aus der ersten Ehe schwer krank sei, war sie nach Podhrad gekommen, um wenigstens etwas über ihn zu erfahren, wenn sie auch nicht zu ihm selbst gehen konnte.

Durch eine merkwürdige Fügung war Ursiny mit ihr zusammengekommen und hatte ihr auch dazu verholfen, daß sie den Sohn noch sehen konnte, ehe er nach Borovskytal abreiste. Da sie aber nachher selbst in eine schwere Krankheit fiel, lag sie jetzt bei Frau H., die in ihrer Jugend bei ihrer Mutter als Kammerjungfer gedient hatte.

Ursiny schrieb also dem jungen Herrn Korimsky, wie es seiner Mutter ging, und daß er an Baron Rainer geschrieben habe, sie abzuholen.

Der Baron wußte nichts von der Reise seiner Frau, die er sehr liebte; denn er hatte sie als eine Kranke in ein Bad gebracht und sie dort gelassen. Er selbst war auf eine Reise gegangen, und seine Diener wußten nicht, wohin sie ihm schreiben sollten, um ihn zurückzurufen.

14. Überraschungen

Unterdessen kehrten die beiden Männer mit dem Herrn, dessen Rat sie nach reiflicher Überlegung angenommen hatten, zurück. Hradsky verabschiedete sich freudig und ehrerbietig bei seinem Haus; Blaschko ging allein mit dem Herrn Ingenieur weiter. Plötzlich blieb dieser stehen: „Ich möchte Euch gerne etwas fragen."

„Bitte, fragt nur!" erwiderte verwundert der Müller.

„Peter teilte mir mit, daß er gern um die Hand Eurer Tochter anhalten möchte, aber daß er fürchte, abgewiesen zu werden, weil er arm und unbekannter Herkunft sei. Was für eine Antwort würdet Ihr ihm geben?"

Blaschko runzelte die Stirn. Er dachte gar nicht daran, daß Marischka heiraten solle; er brauchte sie selbst zu Hause wie das tägliche Brot. Höchstens, dachte er, wenn's nicht anders sein könne und die Zeit dazu käme, Marischka dem Mischko zu geben, damit alles schön beisammen bleibe, die Menschen und das Besitztum.

Der Herr sah die Wolke auf Blaschkos Stirn, und sein bleiches Gesicht wurde noch weißer.

„Er scheint sich nicht zu täuschen; Ihr werdet sie ihm nicht geben. Und warum nicht?" sagte er kalt.

„Aber bitte, wozu soll Marischka schon heiraten,

und wenn ich die Wahrheit sagen soll, für Peter habe ich sie nicht erzogen. Ich habe ja nichts gegen den jungen Mann, er hat sich seit dem Winter sehr verändert; aber es gibt ja noch genug andere Mädchen. Außerdem eilt es bei ihm nicht so, daß ihm die Frau in der Wirtschaft helfen müßte!" lachte Blaschko bedeutungsvoll.

„Das Haupthindernis ist also seine Armut?" wendete der Ingenieur ein.

„Zum Teil auch!" sprach bedenklich der Müller. „Ich kann der Tochter vor meinem Tode von der Besitzung nichts geben, und was sollen sie mit leeren Händen anfangen? Marischka ist nicht gewöhnt, als Tagelöhnerin zu arbeiten, und von der Weberei kann man in der jetzigen Zeit nicht mehr leben."

„Wenn aber Peter im voraus etwas zurückgelegt hätte und dann um Eure Tochter anhielte, würdet Ihr sie ihm dann geben?"

„Er hat einen guten Anwalt an Euch, Herr Ingenieur", lachte Blaschko. „Wenn sie ihn wollte und ich wüßte, daß sie es bei ihm gut haben würde, warum nicht!"

„Gebt mir die Hand darauf, daß Ihr sie keinem anderen gebt, wenn sie ihn möchte, und ich verspreche Euch, ihm dann eine Stellung zu verschaffen, wo er gut eine Familie ernähren kann."

Überrascht reichte ihm Blaschko die Hand und dachte dabei mit dem Mißtrauen eines echten slowakischen Bauern: „Was für Launen haben doch diese Herren! Jetzt gefällt ihnen etwas, und nachher wird es ihnen schließlich wieder leid." Und obgleich ihn der Herr Ingenieur, der schon weitereilte, nicht um Stillschweigen gebeten hatte, würde er das eben Gehörte, welches er nicht glauben konnte, niemandem erzählen.

Peter lag im Obstgarten auf dem Rasen. Er bemerkte den Herrn Ingenieur nicht, bis der sich neben ihm hinstreckte.

„Ihr werdet Eure Kleider grün färben!" meinte Peter besorgt.

„Das macht nichts; ich kann mir leichter neue beschaffen als du, und du schonst die deinen nicht."

„Ich kann mir neue weben", lächelte Peter fröhlich, „und Ihr müßt Euch neue kaufen."

„Peter, hast du denn dein Handwerk so lieb, daß du im Leben nichts anderes sein möchtest als nur ein Weber?"

„Und wie sollte ich etwas anderes sein?" antwortete Peter mit aufrichtiger Verwunderung. „Ich schätze mein Handwerk, obgleich es wahr ist, daß es nur wenig einbringt; aber ich denke, der Apostel Paulus, der auch ein Weber war, hat auch nicht mehr gehabt, und er nährte sich und andere davon."

„Nun, etwas mehr war es wohl schon!" meinte lächelnd der Herr Ingenieur, „ich dachte, Peter, du könntest mit dem Heiraten noch etwas warten. Du wärest dem Blaschko gewiß lieber, wenn du nicht mit leeren Händen vor ihn treten würdest. Du kannst dich ja“, fuhr er fort, als er sah, wie Peter erblaßte, „mit Marischka verständigen; wenn sie dich liebhat, wird sie gern zwei oder drei Jahre warten. Ihr seid ja beide noch jung.“

Peter atmete erleichtert auf; aber gleich ließ er den Kopf wieder in die Hände sinken: „Auch in drei Jahren werde ich nicht so viel haben, um Onkel Blaschko zu genügen, wenn er mir Marischka nicht aus christlicher Liebe gibt.“

„Du irrst dich. Wenn du dem Rat, den ich dir gebe, folgst, wird es dir gelingen, Blaschko zu befriedigen.“

„Und welchen Rat gebt Ihr mir?“ Peter lebte auf.

„Du gehst mit mir.“

„Mit Euch? Und wohin?“

Der Ingenieur strich sich über die Stirn.

„Ich hörte auf meinen Reisen in Deutschland von christlichen Schulen, wo auch gläubige Bauernsöhne zur Ausbildung aufgenommen werden. Ich möchte dich in eine solche Schule schicken, damit du dort in den drei Jahren die deutsche Sprache lernst und dich überhaupt ausbildest, und dann würde ich dir eine Stelle bei der Bahn mit gutem Jahreseinkommen verschaffen. Du hättest dabei zwei Vorteile: Erstens könntest du in einer solchen Schulen die göttlichen Wahrheiten tiefer studieren, und dann würde ich dir einen solchen Platz suchen, wo du Gelegenheit hättest, von dem, was du weißt, den Menschen Zeugnis abzulegen, wie Stephan heute früh sagte."

„Und könnte ich dort aufgenommen werden? Wer bezahlte aber für mich?" fragte Peter erstaunt.

„Der, der dich dorthin bringen will."

„Ihr, Herr? Aber wie käme ich als ein ganz fremder Mensch dazu, daß Ihr für mich zahltet?"

„Du hast doch gehört, was Stephan heute früh sagte, daß Christen, wie Christus tat, den Nächsten Gutes tun sollen. Ich habe in meinem Leben noch nichts Gutes getan und bin doch auch ein Christ."

„Der Herr Jesus vergelte Euch Eure gute Absicht; aber würde es Euch nicht viel kosten?" fragte Peter.

„Man weiß nie, was geschehen kann", bemerkte der Ingenieur; „vielleicht finde ich in meinen alten Tagen bei dir, was ich jetzt für deine Ausbildung ausgeben will."

Peters Herz jubelte auf. Sein argloses Gemüt siegte über jeden Zweifel. Der Herr Ingenieur hatte recht, man kann nie wissen, wer und wann einem jemand noch einmal nützen kann.

„Es ist wahr", sagte er herzlich, „Ihr habt keinen Sohn, der für Euch in Euren alten Tagen sorgen könnte, und ich habe keinen Vater. Wenn Ihr mir jetzt so helft, würde es Gott geben, daß ich später einmal Euch helfen kann."

„Du wirst also mit mir gehen?“ Ein unterdrückter Jubel klang durch die Stimme des Mannes.

„Warum sollte ich nicht? Nicht bloß wegen der künftigen Stelle; denn unter Gottes Segen könnte ich mich mit Marischka auch durch die Weberei ernähren. Aber Ihr sagtet, ich könnte mich in den göttlichen Wahrheiten weiter ausbilden, und danach sehne ich mich, weil ich den Leuten gern die ganze Wahrheit aus dem Wort Gottes sagen möchte und nicht weiß wie. Aber“, er stutzte plötzlich, „was wird mit der Mutter? Wir hätten ja bauen sollen!“

„Wie lange würde der Bau dauern?“

„So sechs bis acht Wochen.“

„Dann baue nur für deine Mutter; in der Schule könnte man dich doch vor September nicht aufnehmen. Fangt gleich morgen an! Ich werde ausmessen und den Plan machen. Sehen wir uns den Platz gleich an!“

Sie standen auf, kamen aber nicht weit und besahen auch nichts.

„Da kommt Stephan!“ rief Peter freudig, und bald darauf war der Freund bei ihnen.

„Stephan, wie geht es der Großmutter?“

„Gut, dem Herrn sei Dank! Aber ich komme zu Euch, Herr Ingenieur.“

„Zu mir, Hradsky?“

„Ja! Bitte, heißt Ihr nicht Rainer, Baron Rainer?“

„Ja, aber was habt Ihr davon, wenn Ihr meinen Namen wißt?“

„Sehr viel, Herr, denn man sucht Euch überall, nur nicht hier, wo Ihr seid."

„Mich sucht man? Und wer?" Der Ingenieur richtete sich stolz auf.

„Euer Sekretär, der nicht weiß, wohin er Euch die Nachricht senden soll, die ich Euch jetzt auszurichten habe: Frau Baronin Rainer liegt schwer krank in Podhrad darnieder."

„Meine Frau?" Rainer trat zurück. „Wo ist sie?"

„In Podhrad. Bitte, lest diesen Brief meines guten Freundes, er wird Euch alles erklären; ich gehe jetzt sofort anspannen, um Euch zur Bahn zu bringen. Ihr kommt zum Schnellzug noch rechtzeitig."

„Stephan, bitte, beeilt Euch, damit es nicht so spät wird zum Zug!" rief der Ingenieur dem Davoneilenden nach. Er warf sich totenblaß auf die Erde, las den Brief und verschlang eine Zeile nach der anderen, die ihm mitteilten, wie seine Frau nach Podhrad kam, wann sie kam, wo sie jetzt war, wie sie sich befand und daß es nicht möglich sei, Ingenieur Rainer zu benachrichtigen. Der Brief war durchgelesen, und noch immer saß der Mann in starrer Verzweiflung am Boden. Als Peter sich mitleidig zu ihm neigte, schlang er ihm plötzlich die Hände um den Hals und stöhnte so schmerzlich, daß Peter ganz erschüttert war.

„Grämt Euch nicht so sehr!" tröstete Peter, „der Herr Jesus kann helfen. Eure Frau wird schon wieder gesund werden; wir werden für sie beten."

„Ja, betet, betet! Denn wenn sie stürbe, wüßte ich nicht, was ich anfinge. Warum bin ich auch aus dem Bad weggegangen; warum habe ich sie allein gelassen; warum habe ich mich nicht mehr beeilt, ihr die Nachricht zu bringen, auf die sie wartete und wegen der ich eigentlich hierherkam! Sie ist dann selbst gegangen, so schwach, wie sie war, den weiten Weg; dazu die Aufregung; sie hatte nichts, wo sie ihr Haupt hinlegen konnte! Und dann das Wiedersehen mit dem Sohn! Und dann der Abschied! Oh, ich kann dich verstehen, ja ich kann dich verstehen, meine arme Natalie!

Aber was mache ich?" sagte der Ingenieur, indem er sich aufraffte; „wir wollen schnell meine Sachen ordnen; die Zeit ist kurz, und ich muß um jeden Preis heute nach Podhrad kommen!"

Ach, Peter hätte sich nicht träumen lassen, daß der Herr Ingenieur so plötzlich aus dem Dubravatal verschwinden würde und daß ihn so traurige Nachrichten abrufen würden. Mit großer Innigkeit betete er am Abend bei Hradskys für die kranke Frau Rainer.

Wird das Gebet erhört, und wie? Sie beteten um Genesung; doch gibt es zweierlei, eine zeitliche und eine ewige.

15. Beim Herrn Pfarrer

Ein wunderschöner Tag ging über dem Dubravatal auf. Wolkenlos wölbte sich der Himmel über Stephan, der an den Waldungen entlang wanderte, aus denen ihm der Ruf des Kuckucks entgegentönte; er ging weiter zwischen den Feldern, die im Schmuck der frischen Saat prangten. Von seinem Tritt erschreckt, flog hier und da aus den Furchen ein Vöglein auf. Dann ging er am Bach entlang, begleitet vom Gesang der Nachtigallen.

Von den goldenen Strahlen der Morgensonne beleuchtet, lag vor ihm das Städtchen M., von Hügeln umgeben, auf denen sich drei Friedhöfe befanden. Bei dem ersten erblickte man eine schöne Kapelle und einen Weg mit den Leidensstationen. Der andere, ihm gegenüber im Nordosten, war von einer halbzerfallenen Mauer umgeben. Viele Stufen führten zu ihm hinauf, und sein Eingang befand sich unter einem alten Turm aus der Hussitenzeit. Wie kampflustig standen sich die beiden Friedhöfe gegenüber, und doch so friedlich lagen sie da, als wollten sie sagen: „Hier ist jeder Streit für immer zu Ende, und alle Leiber sind gleich; Staub zu Staub!" Der dritte Friedhof endlich war von einer neuen Mauer umgeben, aber durch einen häßlichen Graben verunstaltet. Ohne ein Zeichen des Heils, verkündigte er der Welt, daß hier der Name Christus nicht genannt wird. Öde war's ringsum, kein Baum, kein Strauch, ähnlich wie in den Herzen und Seelen des jüdischen Volkes, dem er angehörte. Zwischen diesen Toten, die schon vollkommen erkannt haben, was Wahrheit und was Irrtum ist, breitete sich das Städtchen aus, durchzogen von einem Bach, der von Maulbeerbäumen beschattet wurde. Vor den niedrigen Häusern befanden sich meist kleine Gärtchen; hinter ihnen lagen Obstgärten, die gerade in voller Blüte standen. Am Ende des Ortes stand zwischen den Bäumen versteckt die evangelische Kirche; davor, unter drei hundertjährigen Linden, Pfarrhaus und Schule.

Wie schön war das Städtchen an dem stillen Morgen! Es war eine Freude, es anzusehen. Unwillkürlich blieb Stephan stehen; aber während er unverwandt hinüberschaute, breitete sich Traurigkeit über sein schönes Gesicht. Kein Wunder! Ging er doch, sich darüber zu verantworten, daß er die Leute zu Gott führte, zu Gott, von dem sie abgefallen waren, um den sie sich so wenig kümmerten, als ob Er gar nicht existiere. Die schönsten Häuser, die er vor sich sah, waren Wirtshäuser, Höhlen des Lasters und des Verderbens, ja Wohnstätten Satans.

Da nahm der junge Mann seinen Hut ab, faltete die Hände und betete aus der Tiefe seiner Seele für sein Volk, für die Bewohner des Städtchens und für die Gemeinde, der auch er angehörte. Er bat, daß der Herr ihnen Erkenntnis der Wahrheit geben möchte, daß sie vom Irrtum und von der Sklaverei der Sünde befreit würden. Weiter erflehte er sich Weisheit für die bevorstehende Stunde. Nun schritt er weiter und blieb nicht stehen, bis er vor der evangelischen Kirche stand, deren Geläute ihn bewillkommnete. Die Glocke rief zum Frühgottesdienst.

Der junge Mann trat ein. Schon lange war er hier nicht mehr gewesen, und zur Frühkirche überhaupt noch nicht.

Während er umherblickte, mußte er daran denken, daß die gläubigen Vorfahren, die dieses Haus für sich und ihre Nachkommen gebaut hatten, gewiß nicht ahnten, daß man an dieser Stätte einst die treuen Nachfolger des Herrn Jesus "Schwärmer" nennen würde und daß zum Tisch des Herrn Diebe, Ehebrecher, Spieler, Trunkenbolde und andere zugelassen würden, die von der Kirche direkt ins Wirtshaus gingen und erst abends betrunken nach Hause kamen.

Es wurde Stephan so weh zumute, daß er in der Bank niederkniete, sein Haupt in die gefalteten Hände barg und weinte.

Inzwischen kamen die Kirchgänger: sechs Frauen, zwei ältere Männer, auf deren Gesichtern man lesen konnte, wem sie sonst dienten, und einige Bettlerinnen. Auf den Stuhl neben dem Altar setzte sich der Kirchendiener. Die Treppe hinauf stieg der junge Lehrer; ihm folgten die Chorknaben und etliche Schulkinder; in der Sakristei hustete der Herr Pfarrer.

Der Lehrer setzte sich an die Orgel; aber anstatt des Vorspiels erklang die Weise des Liebesliedchens: „Horicka zelená, zelenaj sa, má milá, premilá vydávaj sa“ und darauf begann der Choral: „Du bist's, dem Ruhm und Ehr‘ gebührt.“ Das erste schien ihm mehr zu gefallen, er spielte es fröhlich und gefühlvoll; jetzt nahm er ein recht langsames Tempo, die Frauen sangen noch langsamer, und der Kirchendiener kam noch nicht mit, die Chorknaben dagegen schrien aus Leibeskräften und waren den anderen immer voraus.

Stephan hatte kein Buch; er kannte aber das Lied auswendig, und seine volle Stimme klang glockenrein durch die Kirche:

„Du bist's, dem Preis und Ehr‘ gebührt!
Und das, Herr, bring ich Dir;
Mein Schicksal hast Du stets regiert,
Und stets warst Du mit mir.“

Stephan vergaß alles um sich her; er sang mit ganzem Herzen seinem Gott. Er bemerkte gar nicht, daß sich die Frauen anstießen und flüsterten, und daß der Küster den Hals reckte, um zu sehen, wer so sang. Er sang seinem Gott.

„Wenn Angst und Not sich mir genaht,
So hörtest Du mein Flehn;
Du ließest mich nach Deinem Rat
Hilf' und Errettung sehn!"

Ach, wer brauchte heute mehr Hilfe vom Herrn als Stephan, und wie gut paßte für ihn das Lied! „Wenn wir uns mit dem Herrn Pfarrer einigen und er mir verspricht, daß wir ungehindert Gott dienen und die Ehre des Herrn ausbreiten dürfen, so will ich alle dazu bringen, morgens zum Gottesdienst zu kommen, damit die Kirche nicht mehr so leer ist." So dachte Stephan, während die anderen das zweite Lied aufsuchten und er schon innig sang:

„Wenn wir von des Herren Hand
Die guten Gaben nehmen ..."

Mit solchem versöhnlichen und stillen Herzen wartete Stephan auf die Auslegung des Wortes Gottes. Er war nicht gekommen, wie der Kirchendiener dachte, um den Pfarrer zu kritisieren, nein, dankbar würde er ein gutes Wort annehmen. Aber weil so wenig Leute da waren, hielt der Pfarrer keine Predigt; dafür las er zwei lange Gebete und noch ein drittes in Reimen.

Stephans Herz wurde abgekühlt. Der Pfarrer betete nicht; er dachte gar nicht an das, was er sagte;

mit ermüdender, monotoner Stimme las er, dann leierte er das Vaterunser herunter, erteilte den Segen und eilte von der Kanzel.

„Nein", dachte Stephan beim Hinausgehen, „darum sollten wir den dreiviertel Stunden langen Weg machen?" Er schüttelte den Kopf und trat ernst in den Pfarrhof. Nach einigen Minuten verschwand er in der Pfarrkanzlei.

„Was willst du von mir, Hradsky?" sprach der Pfarrer, dem schon der Kirchendiener den Besuch angekündigt hatte.

„Ich komme zu Euch, Herr Pfarrer, als zu dem geistlichen Hirten dieser Gemeinde", antwortete Stephan und heftete seine schönen, ernsten Augen auf das dicke, volle Gesicht des Pfarrers.

„Zu mir? Ich höre ja, daß die Welt in dir einen neuen Apostel bekommen hat!" Das verächtliche Lächeln des Mannes trieb die Röte in das Gesicht Stephans. „Du sollst ja schon so gelehrt sein, daß dir unsere Kirche nicht mehr genügt und du eine neue gründen mußt. Und so ein guter Sohn bist du, der seinen ehrlichen, braven Vater mit seinen Narrheiten so reizt, daß er die Peitsche nehmen mußte. Es scheint mir aber", schrie der Pfarrer, und die Adern an den Schläfen schwollen ihm, und die runden Augen rollten und funkelten in gerechtem Zorn, „die Lektion von deinem Vater war nicht stark genug; sie hat dich nicht gebessert, sondern noch in deiner Verstocktheit bestärkt. Nun möchte ich jetzt bloß wissen, weshalb du überhaupt zu mir kommst."

Stephan strich sich die Locke von der Stirn: „Ich komme zu Euch, Herr Pfarrer, um Euch zu fragen, was Ihr gegen mich habt und was ich Euch getan habe, daß Ihr Euch jetzt so über mich aufregt. Es steht doch im Wort Gottes geschrieben: ‚Helft ihm wieder zurecht mit sanftmütigem Geist, die ihr geistlich gesinnt seid.'"

„Du willst mich doch nicht lehren, was im Wort Gottes steht, du einfältiger Pinsel! Was ich gegen dich habe? Hast du nicht das Gift in unsere stillen Berge gebracht? Verbreitest du nicht Sektiererei und Schwärmerei? Willst du das etwa mir ins Gesicht leugnen?"

„Ich verbreite keine Sektiererei und Schwärmerei; aber ich sehe, Herr Pfarrer, daß man Euch, vielleicht ohne es zu wollen, die Unwahrheit gesagt hat. Ich bin deshalb gekommen, daß Ihr von mir die ganze Wahrheit erfahrt. Bitte, hört mich eine Weile an, und wenn ich im Irrtum bin, so weist mich nachher zurecht!"

In Ton und Gebärde des jungen Mannes lag etwas so Rührendes, daß sich der Pfarrer mäßigte. Er warf sich in den Sessel, daß er krachte. „So rede, aber mach's nicht lang; ich habe keine Zeit!"

Stephan erzählte nun, wie er, vom Militär zurückgekommen, angefangen habe, mit dem Großvater im Wort Gottes zu lesen, und wie andere sich dazugesellt hatten. Er berichtete die volle, reine Wahrheit. Er erwähnte auch seine Krankheit, und daß damals der Kreis noch größer geworden sei. Er berichtete weiter, daß sie Sonntagmorgens vor dem Gottesdienst zusammenkämen, und jeder, der in die Kirche wolle, habe immer noch Zeit; dann betrachteten sie, sowie Sonntag- und Samstagabends das Wort Gottes und sängen dazu aus dem Gesangbuch.

„Herr Pfarrer", sprach er, „könnt Ihr sagen, daß wir damit etwas Böses tun? Es steht doch im Wort Gottes: ‚Suchet in der Schrift!' Taten unsere Väter nicht dasselbe? Wo ist hier Sektiererei oder Schwärmerei? Wie kann der ein Schwärmer sein, der die Wahrheit sucht? Ach laßt Euch, bitte, nicht täuschen; wir sind weder Sektierer noch Schwärmer! Wir lieben das Wort Gottes und wollen in Wahrheit christlich evangelisch sein und leben, wie Christus es fordert nach dem Evangelium."

Stephan sprach mit der Ruhe der Überzeugung; wer ihm nur glauben wollte, mußte sich überzeugen lassen.

„Das Wort Gottes lesen", sagte hustend der Pfarrer, „ist ja eine lobenswerte Sache und Pflicht jedes Evangelischen. Aber solche Winkelversammlungen veranstalten, wo man doch die Kirche hat, ist schon der Anfang zur Sektiererei. Warum geht ihr nicht in die Kirche? Hältst du dich schon für so klug, daß du den Pfarrer nicht mehr nötig hast?"

„Ich bin in die Kirche gegangen", antwortete Stephan ernst, „aber man hat mich unterwegs beschimpft, selbst schlagen wollte man mich; und in der Kirche ließ man mich nicht einmal beim Gebet in Ruhe; da habe ich es eben aufgegeben. Dann kam meine Krankheit, und seitdem, höre ich, predigt man in der Kirche gegen die Schwärmer. Die Leute verstehen darunter mich und meine Freunde; denn mir gab man zuerst diesen Namen. Nun, wie könnte ich weiter in diese Kirche gehen? Da habe ich doch mehr Segen, wenn ich das Wort Gottes für mich betrachte oder es anderen erkläre."

„Erkläre, erkläre!" rief der Pfarrer und warf sich wieder auf den Stuhl, daß er krachte, „wie kannst du erklären? Da kann einer kaum lesen und will das Wort Gottes schon erklären. Du verstehst die Bibel ja gar nicht! Wie kann so ein dummer Bauer sie erklären!"

‚Sie werden alle von Gott gelehret sein!' Herr Pfarrer, wir sind ja nicht katholisch, daß wir glauben müßten, nur der Pfarrer habe ein Recht auf die Bibel. Der himmlische Vater gab uns allen Sein heiliges Wort, und wozu hätte er es uns gegeben, wenn wir es nicht verstehen könnten? O nein, der Herr Jesus sagt: ‚So jemand will des Willen tun, der wird inne werden, ob diese Lehre von Gott sei, oder ob ich aus mir Selbst rede.' Also kann jeder die Lehre Christi verstehen, der Gottes Willen tun will."

„Du magst ja etwas davon verstehen, aber was hast du es andern zu erklären?“ sprach der Pfarrer, sich erhebend; „behalte es doch für dich!“

„Oh“, erwiderte Stephan mit leuchtendem Auge, „so lehrt der Herr Jesus nicht. Er spricht doch: ‚Prediget das Evangelium aller Kreatur!‘ Ich möchte nicht dereinst von ihm hören, daß ich ein stummer Hund gewesen sei, der nicht bellen konnte.“

„Was, du meinst: ‚Prediget das Evangelium!‘ das gelte dir? Ist das nicht Sache der Pastoren?“

‚Ihr seid das königliche Priestertum‘, sagt der Apostel. Also hat jeder, der da glaubt, die Aufgabe, von Jesus zu zeugen. Eure Sache ist es, wenn Christus sich Euch offenbart hat, von ihm auf der Kanzel zu predigen; wir anderen sollen ihn in Wald und Feld, an den Zäunen und in den Häusern verkündigen.

O wenn alle Evangelischen gläubige, bekehrte Kinder Gottes wären, gäbe es wohl dann in M. noch so viele Juden? Hätten diese dann nicht längst die Wahrheit, die sie retten kann, erkannt? Ja, wer glaubt, daß ihm die Sünden vergeben sind, wer die Gewißheit des Heils erlangt hat, der darf nicht schweigen; ihm gilt das Wort: ‚Gehe und verkündige!‘“

„Und hast du denn schon Vergebung der Sünden? Bist du denn erlöst?“ fragte der Pastor und schüttelte ihn. Dabei schaute er ihn an, als wolle er ihm bis auf den Grund seiner Seele blicken.

„Ja, dem Herrn sei Dank!" sagte der junge Mann und richtete sich freudig auf. „Der himmlische Vater hat mich in Gnaden angenommen um Jesu Christi willen. Ich bin erlöst, und darum kann und darf ich nicht schweigen, wo um mich herum so viele Menschen im Schlamm der Sünde waten, wie auch ich einst: die, wenn sie sich nicht bekehren, ewig verlorengehen, und die doch der Herr Jesus in Gnaden annehmen und ihnen die Seligkeit schenken will. Darum werde ich bis zum Tod nicht aufhören zu rufen: Kommt zum Herrn Jesus! Er will auch euch vergeben, wie er mir vergeben hat, und euch selig machen, wie er mich selig gemacht hat!"

Der Pfarrer schlug die Hände zusammen: „Da soll noch einer sagen, daß das nicht Schwärmerei sei! Solch ein pharisäischer Hochmut! Die Sünden sind ihm vergeben, und er ist erlöst! Woher hast du die Gewißheit, daß dir die Sünden vergeben sind? Wie willst du beweisen, daß du erlöst bist?" Der Pfarrer stampfte mit dem Fuße.

„Die Gewißheit?" sprach verwundert der junge Mann, „wie könnt Ihr nur so etwas fragen? ‚Du bist ein Meister in Israel und weißt das nicht?' Hier im Herzen habe ich sie, wo früher die schrecklichen Sünden hausten, und im Worte Gottes, wo geschrieben steht: ‚Liebe Kindlein, solches schreibe ich euch; denn die Sünden sind euch vergeben durch seinen Namen.' Und der Beweis, daß ich erlöst bin: ,Wer da glaubet an den Sohn Gottes, der hat solches Zeugnis bei sich. Wer Gott nicht glaubt, der macht ihn zum Lügner; denn er glaubt nicht dem Zeugnis, das Gott zeuget von Seinem Sohn. Und das ist das Zeugnis, daß uns Gott das ewige Leben gegeben hat, und solches Leben ist in seinem Sohn. – Wer den Sohn Gottes hat, der hat das Leben. – Wer an mich glaubt, der hat das ewige Leben. – Himmel und Erde werden vergehen; aber meine Worte werden nicht vergehen', spricht der Herr."

„Genug!" donnerte der Pfarrer. „Wenn der Herr Christus selbst käme, dich könnte er nicht überzeugen. Ich werde mich mit einem solchen selbstgerechten Pharisäer nicht länger abgeben. Du hast mich genügend überzeugt, daß du ein Schwärmer bist, und ich verbiete dir, deine Irrlehren im Dubravatal auszubreiten. Und wenn dich's dein Vater nicht lehren konnte, so werde ich dich zum Schweigen bringen. Ich erlaube es nicht, daß solche falschen Christen unser gutes slowakisches Volk verführen und von der evangelischen Kirche, die die reine apostolische Lehre hat, zu den verdammten Sekten locken. Wir haben noch Obrigkeiten, kirchliche und weltliche, und werden schon Ordnung schaffen. Und wenn du gut davonkommen willst, so schweige und gehe mir aus den Augen!"

Stephan ging, und so endete die Friedenskonferenz für die Dubravataler „Schwärmer". Stephan war, obwohl er solchen Ausgang vermutet hatte, doch überrascht und traurig gestimmt. Er hatte den guten Willen und ein herzliches Verlangen gehabt, jeder Spaltung aus dem Wege zu gehen, und nun war sie doch gekommen!

Schweren Herzens kehrte er heim. Am Wald begegnete ihm Peter. Der war ihm entgegengegangen, da man gar nicht erwarten konnte, welchen Bescheid Stephan bringen würde. Daß er betrübt war, sah Peter schon von weitem.

„Du hast den Herrn Pfarrer wohl nicht zu Hause angetroffen?“ fragte er.

„Das schon!“ Stephan warf sich auf den schattigen Rasen. Sein Freund folgte seinem Beispiel, blieb aber nicht lange sitzen; denn als Stephan ihm alles erzählte, konnte er nicht ruhig bleiben. Er sprang auf und machte seinem Unwillen dann und wann durch ein kräftiges Wort Luft.

„Du siehst nun, ich habe gar nichts ausgerichtet. Die Sache wird nur noch schlimmer. Er ist böser geworden und wird um so mehr gegen uns predigen und hetzen. Ich habe keine Angst, daß er euch, die ihr den Herrn kennt, von dem Weg des Heils abbringen wird, auch die nicht, die schon von dem Wort berührt sind; aber er wird uns hindern, die Wahrheit weiter auszubreiten. Die Leute werden sich fürchten; denn schon jetzt verschließen sie ihre Türen vor uns, wie es mir letztens erging, als ich Petran Skule besuchen wollte. Frau Skule versteckte sich, als sie mich sah, in ihrer Hütte und riegelte sich ein, daß ich sie nicht einmal um Wasser bitten konnte. Was werden sie dann erst tun? Die armen Seelen werden wirklich glauben, wir seien Schwärmer, und werden dann unser Zeugnis nicht mehr annehmen. Ich weiß vor Schmerz nicht, was ich tun soll, wenn ich daran denke."

„Gräme dich nicht zu sehr, Stephanko!" sprach Peter und umarmte den Freund. „Du hast ja dem Pfarrer gesagt, er solle auf der Kanzel predigen. Nun, er wird's auf der Kanzel tun, und wir auf den Feldern und in den Wäldern; da müssen uns die Leute doch hören. Wirst es schon sehen!"

Der freudige Glaube Peters erfrischte wie Tau das matte Herz. Stephan sprang auf: „Du hast recht, Peter, ja, du hast recht! Er wird nicht schweigen, wir aber auch nicht. Ihm steht zwar alles zu Gebote wie dem Goliath, selbst der Arm der Obrigkeit; aber wir haben fünf glatte Steinchen, die fünf Wunden des Herrn Jesus, das genügt uns. David siegte nicht über Goliath, sondern Jehova, in dessen Namen er kämpfte. Auch wir werden nicht siegen, nur werden wir im Namen des Herrn nach Seinem Gebot handeln: ‚Ihr sollt meine Zeugen sein', und wie die Jünger Jesu, als sie sagten: ‚Man muß Gott mehr gehorchen als den Menschen!'"

Nachdem die Kameraden ihre Sache noch gemeinsam im Gebet dem Herrn vorgetragen hatten, wanderten sie frohen Mutes heimwärts.

Aber wie erstaunt war Stephan, als Peter ihm nun erzählte, welchen Plan der Herr Ingenieur mit ihm habe. „Ich weiß nicht", sagte Peter, „ob er es jetzt nach dem schmerzlichen Zwischenfall wohl vergessen hat. Aber ich wäre dem Herrn dankbar, wenn er es nicht vergäße und er es mir möglich machte, mich in den göttlichen Wahrheiten auszubilden; denn von mir könnte der Pfarrer fast sagen, daß ich nicht einmal lesen könne."

Aber wie eigentümlich! Alles sagte Peter dem Stephan, nur das nicht, warum ihn eigentlich der Herr Ingenieur in die Schule schicken wollte. Es schien ihm unpassend, nach so ernstem Gespräch über diese wichtigen Dinge vom Heiraten zu reden, obwohl er sich vorgenommen hatte, Stephan um Rat zu fragen. Es war ja eigentlich noch gar nicht nötig, davon zu reden. Er schlug sich die Heiratsgedanken aus dem Kopf. Der Besuch Stephans beim Pfarrer beschäftigte ihn jetzt mehr; aber nicht nur ihn: Im ganzen Dubravatal würde man noch lange darüber reden; die einen so, die anderen so.

16. Kirchliches

Im Häuschen der Frau H. in Podhrad versammelten sich die Leute zur Gebetsstunde, die öfters am Sonntag abgehalten wurde. Mehrere Wochen waren seit Stephans Besuch vergangen, und die kleine Versammlung vergrößerte sich. Das Wort Gottes kehrte nicht leer zurück, und viele von den Zuhörern begannen ihr Leben danach auszurichten. Die Welt merkte es, und die Leute fingen an zu reden: „Das war doch früher nicht in Podhrad, daß sich die Evangelischen um das Wort Gottes versammelten. Man konnte sie bis jetzt doch gar nicht von den Katholischen unterscheiden; nur, daß sie nicht in deren Kirche gingen."

Die Podhrader Evangelischen mußten, weil ihrer nur wenige waren, nach Rakovan zur Kirche gehen. Im Sommer ging, wer konnte; im Winter tat man es nur an großen Feiertagen. Sonst lebten sie ganz ohne Gottes Wort; es kümmerte sich auch niemand darum, wie sie lebten.

Es waren in Podhrad manche Leute, die nach Rakovan zum heiligen Abendmahl gingen, aber nie konfirmiert worden waren, und die keine Ahnung davon hatten, was sie dort eigentlich wollten. Sie taten es, weil sie es bei anderen sahen, und weil man ohne religiöse Bräuche nicht sein kann, selbst wenn man ihre Bedeutung nicht versteht.

Die Kinder der Podhrader Evangelischen gingen früher in die katholische Schule, bis dann von der Regierung eine staatliche Schule gebaut wurde; in dieser gab es keinen Religionsunterricht. Man schrieb darüber, welche traurigen kirchlichen Verhältnisse das seien, denen notwendig abgeholfen werden müsse; aber um die verlorenen Seelen kümmerte sich kein Mensch.

Doch gehen wir zurück in die kleine Versammlung bei Frau H. Heute war sie außergewöhnlich groß; denn am vergangenen Freitag war der Kirchendiener aus M. zum Markt nach Podhrad gekommen, und als ihm etliche seiner Bekannten freudig von ihren Zusammenkünften erzählten, hatte er bedenklich gesagt: „Nehmt euch in acht! Das werden wahrscheinlich solche Schwärmereien sein wie bei uns im Gebirge."

Die Leute hatten sich verwundert. Wie können das Schwärmereien sein, wenn man das Wort Gottes liest! Sie überredeten den Kirchendiener, zur Abendstunde zu bleiben, damit er sich persönlich überzeuge. Er war ein Mann, der die Schrift kannte; das wußte jeder. Er trank gern ein wenig, aber nur, wenn andere dafür bezahlten; er selbst war sehr sparsam. Bei Hochzeiten, Schulprüfungen und ähnlichen Gelegenheiten trank er auch wohl eins über den Durst; doch war er trotzdem ein geachteter, kluger Mann. In seinen jungen Jahren war er nach Südungarn gezogen, wo er als Lehrer tätig war und auch Gottesdienst hielt. Lebten doch die dorthin übersiedelten Slowaken wie das liebe Vieh; niemand kümmerte sich um sie.

Nun, einem so schriftgelehrten Mann konnten die Podhrader schon glauben.

„Wißt Ihr“, so hatte er ihnen erzählt, „bei uns kam ein junger Mann vom Militär zurück und brachte einen neuen Glauben mit (unser Herr Pfarrer sagt, daß solche Sachen alle aus England kommen). Er begann die Leute zu verführen, und es ist ihm auch gelungen, manche zu gewinnen.“

„Und was ist das für ein Glaube?“

„Ach, dieser Stephan sagt, ihm seien die Sünden vergeben und wir alle gingen in die Irre, müßten uns bekehren und wiedergeboren werden; als ob wir nicht getauft wären! Und daß man nicht zu sündigen brauche, behauptet der Mensch. Auch zehn Pfarrer könnten ihn nicht durch die Schrift überreden. In die Kirche geht er nicht mehr. Die anderen gehen noch, er aber nicht. – Das wird hier gewiß auch so etwas sein!“

Noch nie waren so viele Leute in der Versammlung gewesen wie an jenem Freitag; denn jeder war gespannt, was der Kirchendiener darüber sagen würde.

Der Text handelte von dem jungen Obersten der Schule, der traurig vom Herrn Jesus wegging, als er ihm gebot, alles zu verkaufen, sein Kreuz auf sich zu nehmen und ihm nachzufolgen.

Der Herr Provisor zeigte, daß der reiche Jüngling alles hätte haben können, wenn er Christus erwählt und den Mammon aufgegeben hätte. Weil ihm aber der Mammon so ans Herz gewachsen war, konnte er nicht von ihm lassen und ging verloren.

Er lud die Leute ein, zu Jesus zu kommen, weil sonst nichts in der Welt ihnen helfen könne.

„Seht", sprach der Kirchendiener beim Nachhausegehen, „das ist gerade so ein Schwärmer wie der Stephan. Gott verlangt nicht von den Menschen, daß sie alles hingeben, sondern daß sie rechtschaffen leben. Gebt nur acht!"

Das war vergangenen Freitag gewesen.

Bis zu diesem Samstag hatten sich die verschiedensten Gerüchte in Podhrad verbreitet, viele Leute kamen aus Neugierde in die Versammlung und warteten jetzt auf den Herrn Provisor.

„Wir werden heute eine Gebetsstunde haben", erklärte er den Unbekannten. „Wer will, kann beten für das, was er am meisten braucht. Wir wollen auch für die Mutter eines meiner Freunde beten, die sehr krank ist; mein Freund bat mich darum."

Heute war auch Frau H. in der Versammlung, und sie weinte, als der Herr Provisor so schön und dringend für die Kranke betete. Auch Fräulein Aneschka weinte. Frau Pribovsky betete für ihre Herrschaft, die Witwe Malá für ihre Kinder, Aneschka H. für die Seelen, die den Herrn Jesus noch nicht kannten, Jindrich aus der Apotheke dafür, daß doch auch junge Leute in Podhrad gläubig werden möchten. Zum Schluß beteten zwei Männer, ein evangelischer und ein katholischer, um Gnade.

Die, welche nicht beten konnten und doch fühlten, daß sie Sünder waren und Vergebung brauchten, gingen traurig davon. Jene aber, die sich für gerecht hielten, sagten einer zum anderen: „Der Kirchendiener hatte doch recht, das sind wirklich Schwärmer!"

So blieb der kleinen Versammlung diese Bezeichnung; sie wurden sie nicht mehr los.

Als die Leute auseinandergingen, blieb der junge Provisor mit den beiden Männern allein zurück. Der erste war evangelisch, konnte aber weder lesen noch schreiben. Da sich bis jetzt niemand die Zeit genommen hatte, dem armen Mann zu sagen, daß er eine Seele habe und daß es einen Gott gäbe, der ihn liebe, und daß er ein sündiger Mensch sei, so lebte er ohne Gott und ohne Christus zwischen seinen Mitmenschen dahin, gerade wie jener slowakischer Bauer, der am Karfreitag aus der Kirche kam und sagte: „Frau, es ist jemand gestorben! Der Pfarrer hat ihm eine so schöne Predigt gehalten, daß ich weinen mußte"; – und dabei ahnte er nicht einmal, daß von Christus, dem Sohn Gottes, die Rede war, der auch für ihn am Kreuz starb.

Als dieser arme, unwissende Mann an Gott glaubte und aus seiner Hand die Vergebung der Sünden nahm, und als ihn der junge Provisor umarmte mit den Worten: „Der Herr Jesus helfe Euch, ein neues Leben anzufangen; Ihr seid nicht mehr Euer selbst, sondern sein!“ da weinte er vor Freuden wie ein Kind. Auch der andere Mann, der Katholik, weinte mit ihm. Dieser hatte sich jahrelang bemüht, durch gute Werke, Wallfahrten und Fasten Gott zu versöhnen; aber da er Jesus nicht kannte, hatte er ohne ihn die Vergebung der Sünden nicht erlangen können.

Beide Männer waren schon längere Zeit in die Versammlung gekommen; endlich, gestern am Freitag, war ihnen das Licht aufgegangen, und sie waren froh, heute kommen zu können, um ihr Herz vor Gott auszuschütten.

Voller Freude verließen sie das kleine Häuschen, wo sie das erlangten, wonach ihre Herzen geschmachtet hatten: Gnade und die Wiedergeburt zu einem neuen Leben.

Als sie gegangen waren, lüftete der junge Provisor das Zimmer; dann schloß er die Fenster, nahm das Schreibzeug aus dem Tisch und begann einen unbeendeten Brief fertig zu schreiben. Er war wirklich sehr umfangreich und an eine Missionsschule in Deutschland adressiert.

Dann zog er aus der Brusttasche drei Briefe und las einen nach dem anderen durch. Der erste war kurz und enthielt nur die Nachricht von Freunden, daß sie glücklich in Horka angekommen seien. Der letzte Brief war aus dem Pfarramt von Rakovan und enthielt folgende Sätze:

„P. T.

Mischt Eure Quacksalbereien; aber mischt Euch nicht in meine Angelegenheiten! Was Ihr da von der Notwendigkeit der Evangelisation schreibt, sind alles nur schöne Phrasen. Wir haben geordnete Gemeinden, und wir werden es nicht dulden, daß Laien, von denen wir nicht wissen, zu welcher Sekte sie gehören, unser frommes slowakisches Volk betören.

Wenn Ihr denkt, Ihr seid zum Apostel berufen, so geht nach Afrika; wir und auch die Katholiken werden Euch nur dankbar sein, wenn Ihr uns in Ruhe laßt.

Was Ihr schreibt, daß die Leute einen weiten Weg nach Rakovan haben, ist ja wahr; aber was ist da zu tun! Wenn unsere Väter nur in drei Artikularkirchen gehen konnten und auch gingen, so werden auch unsere frommen Podhrader den Weg machen können.

Soviel für heute. Ich hoffe, Ihr werdet es beachten. Falls aber aus Eurem Kopfe die reformatorischen Gedanken nicht ausdünsten sollten, sehe ich mich genötigt, durch die Obrigkeit einzugreifen. Ich hasse aus tiefster Seele jede Sektiererei und Konventikelwesen. Hütet Euch, solches in meiner Filiale auszubreiten!

R. R., Pfarrer."

Als der junge Provisor den Brief durchgelesen hatte, kniete er nieder und betete für den Schreiber dieser Zeilen, für die „gut geordneten Gemeinden", für das „fromme slowakische Volk" und schließlich für sich selbst, daß er nicht aufzuhören brauche, das Evangelium auszubreiten.

Vier Wochen waren vergangen seit dem Tag, an dem Stephan ins Pfarrhaus zu M. gegangen war, sich zu verantworten, und wo man ihn hinausgetrieben hatte.

Draußen auf den Wiesen hatte sich viel verändert: Die Frühlingsblumen waren verblüht, dafür prangten jetzt die Heiderosen in duftender Blüte.

Im Dubravatal hatten die Leute alle Hände voll zu tun. Bei Blaschkos wurde die Mühle umgebaut, Peter baute die Stube an, und Hradskys halfen beiden. Dazu kamen die Arbeiten im Feld und auf den Wiesen, und wenn etwas Zeit übrig war, mußten sie in den Wald nach Holz gehen, ehe die Zeit, in der es erlaubt war, ablief.

Noch nie war den Dubravatal-Bewohnern die Arbeit so gut von der Hand gegangen. Einmal, weil Gott ihnen gutes Wetter gab, und dann, weil sie immer zusammenarbeiteten. Am frühsten standen immer auf: Stephan, Mischko, Peter, Marischka, Andrej und Betka Hradsky, und so ging die Arbeit vonstatten, daß es eine Freude war. Ehe sie anfingen, beteten sie zusammen, Stephan las einen Abschnitt aus der Bibel vor, über den sie dann nachdachten oder sich auch besprachen. Unterwegs und bei der Arbeit sangen sie viel. Wenn die Älteren dann nachkamen, fanden diese sie immer in so vergnügter Stimmung, daß sie bei ihnen selbst fröhlich wurden.

Die Leute wunderten sich darüber, besonders die Handwerker, die bei Peter bauten und bei Blaschkos arbeiteten. Es mußte wirklich ein neuer Glaube sein, der die Menschen so ganz verändern konnte.

Die Handwerker waren fremd und wunderten sich, daß die Leute diese Schwärmer so fürchteten und mieden; man hörte ja bei ihnen kein böses Wort. Und sie sagten sich und dann auch anderen: „Es wäre gut, wenn wir alle so wären."

Am meisten wunderte man sich über Hradsky; der Mann war wie umgewandelt: früher jeden Augenblick betrunken, jetzt konnte er kein berauschendes Getränk sehen.

Früher trieb er die Söhne zur Arbeit und gönnte ihnen keine Ruhe, und wenn nicht alles ging, wie er wollte, wie konnte er da fluchen! Jetzt mahnte er selbst zur Mäßigung. Besonders den Stephan schonte er, wo er nur konnte: Immer suchte er für ihn die leichtere Arbeit aus; denn wenn Stephan auch wieder gesund und frisch war, so kräftig war er nicht wieder geworden. Die Frauen meinten besorgt: „Er wird schwerlich wieder ganz zu Kräften kommen; er wird es sein ganzes Leben lang spüren müssen, daß er einmal für Christus gelitten hat."

Hradsky war öfters sehr nachdenklich; wenn ihn Stephan und Marischka nicht aufheiterten, würde er oft den ganzen Tag kein Wort gesagt haben außer den Anordnungen für die Arbeit.

Er war jetzt immer der erste, der nach dem Mittagessen oder dem Abendbrot ans Abräumen erinnerte, damit die Hausandacht gehalten werde, ob ein Fremder dabei war oder nicht.

Als er einmal seine Frau ertappte, wie sie hinter seinem Rücken Getreide verkaufen wollte, runzelte er die Stirn und sagte: „Ich verschließe doch nichts vor dir, warum betrügst du mich und erzürnst Gott? Wir haben ihn lange genug erzürnt; es wird Zeit, daß wir aufhören."

Frau Hradsky schämte sich; aber sie wollte sich nicht tadeln lassen. „Wie fromm du bist", sagte sie spöttisch, „ich habe doch nicht soviel aus dem Hause getragen wie du ins Wirtshaus."

„Es ist wahr", antwortete er ernst, „aber jetzt tue ich es nicht mehr, so laß du es auch!"

Hätte sie früher einmal gewagt, so zu ihm zu reden, was für Lärm hätte er da gemacht!

Frau Hradsky rühmte sich, daß ihr Mann wirklich anders geworden sei; aber sie verstand ihn nicht. Bei ihr war zwar äußerlich auch vieles anders geworden, sie wollte hinter den Kindern nicht zurückbleiben; aber ihr Herz blieb das alte. Bei Hradsky ging die Umwandlung tief, man konnte sagen, mit jedem Tag tiefer. Er schlief jetzt gewöhnlich in der Scheune; niemand wußte davon, wieviele Nächte er durchwachte und durchseufzte. Je mehr er sich Gott näherte, desto schrecklicher stand sein vergangenes sündhaftes Leben vor ihm. Wenn er Stephan das Wort Gottes lesen und erklären hörte, tröstete es ihn manchmal, aber ein andermal wieder schmerzte es ihn wie Messerstiche.

Zweimal war er in die Kirche gegangen, um Linderung und Hilfe zu suchen; aber dort predigte man seit Stephans Besuch nicht mehr das Gebot Christi, „daß ihr euch untereinander liebet", sondern man predigte Sonntag für Sonntag gegen die Dubravataler Schwärmer. „Der Herr Christus hat eine Peitsche gemacht und die Wechsler und Verkäufer aus dem Tempel zu Jerusalem ausgetrieben; so sollten auch wir die austreiben, die unsere Kirche schmähen und die Leute von ihr abwendig machen", predigte einmal der Pfarrer. Oder: „Wir Evangelischen, die wir uns auf die reine Lehre unserer Vorfahren gründen, sollen mit unserem Glauben nicht schachern wie der Jude mit dem Leder." Die Leute lachten in der Kirche, und auf dem Heimweg hatte Hradsky viele Schimpfworte auf seinen Sohn hören müssen.

Es kam, wie Stephan vorhergesagt hatte: Die Leute mieden die Dubravataler Schwärmer wie eine Seuche.

Wenn jemand nur mit ihnen zusammengetroffen war, so stichelten sie ihn gleich: „Was, du willst auch so ein Schwärmer werden?"

Wenn Mischko, der immer mit dem Vater in die Kirche ging (Blaschko hatte gesagt, man solle nichts darauf geben, es würde sich mit der Zeit schon wieder legen), heimkehrte, mußte er immer so allein gehen, als hätte er nie einen Freund unter den jungen Leuten gehabt. Nur von weitem riefen sie ihm nach, und wenn sie ihn einholten, lachten sie über ihn. Stephan nannten sie den „Herrn Pfarrer vom Dubravatal“, Peter den „Herrn Lehrer“ und Mischko den „Kirchendiener“. Sie fragten ihn, wieviel er in den Klingelbeutel gesammelt habe und wann sie die Glocken in dem neuen Turm neben der Mühle hinaufziehen würden. Er kam immer verstimmt nach Hause.

„Warum gehst du hin?“ sagte Peter. „Was hast du davon? Ich wundere mich auch, daß der Onkel hingeht. Ihr wartet scheint's darauf, daß man euch mit der Peitsche hinausjagt. Wir sind ‚Schwärmer‘. Vom Herrn Jesus sagten die Hohenpriester auch, er verführe das Volk. Wir gehören zu ihm; was haben wir dann also unter solchen heiligen Leuten zu suchen? Ich werde aus ihrem reinen, heiligen Tempel, wo sie einander anspucken, wie ich oft gesehen habe, und wo sie sich bei den Haaren raufen und andere unpassende Sachen treiben, keine Mördergrube machen.“

„Aber wozu haben ihn unsere Väter gebaut?“ verteidigte sich Mischko.

„Gewiß nicht dafür, daß dort jetzt so gepredigt

wird. Mir hat man nachgerufen, ich baue schon eine Schule; darüber habe ich nur gelacht, und du ärgerst dich unnötig über so etwas. Wenn du den Herrn Jesus von ganzem Herzen liebtest, so würdest du dir gewiß nichts daraus machen."

Es ging aber mit Mischko nur langsam vorwärts. Er würde noch manches durchmachen müssen, bis er imstande sein würde, um Christi willen alles zu verlieren, besonders Ehre und Ansehen bei den Menschen.

Es waren auch andere Ereignisse, über die die Freunde viel miteinander sprachen. Das eine betraf Peters Freund und Wohltäter, wie dieser ihn nannte. Der Herr hatte ihre Gebete nicht erhört: Die Frau Baronin Rainer war gleich nach jenem Sonntag am Montag früh gestorben.

Von tiefem Mitgefühl getrieben, waren Peter und Stephan nach Podhrad gegangen und gerade angekommen, als dort schon eine große Menschenmenge versammelt war. Die Herren Pfarrer aus Rakovan und M. liturgierten und lasen aus dem Wort Gottes. Es wurden zwei Lieder gesungen und gebetet. Der Gesang fand im Garten statt, dann wurde die Frau Baronin zur Bahn überführt. Peter, der nicht mitsang, fand einen günstigen Platz; er stand auf dem Felsen, von dem aus er die ganze Verwandtschaft der Toten sehen konnte. Sie taten ihm alle leid, als er sie so betrübt sah, vor allem aber der Herr Ingenieur.

Dieser stand neben dem Sarg wie aus Stein gemeißelt. Die Sonne schien auf sein unbedecktes Haupt; aber er sah aus, als lebte er nicht.

Peter wurde von namenlosem Schmerz erfaßt, daß er nicht zu ihm konnte, ihm zu sagen, wie tief er mit ihm fühlte. Aber sie waren zu weit entfernt, und wie durfte er, ein armer Bauer, sich einem solchen Herrn nahen! Auch ihn beleuchtete die Sonne und spielte mit seinem schneeweißen, neuen Anzug, der von des Barons schwarzer Kleidung gewiß sehr abgestochen haben würde, wenn sie beieinander gestanden hätten.

Wenn er wenigstens heraufschauen wollte, meinte der junge Mann, er müsse ihn sehen.

Endlich wurde sein Wunsch erfüllt. Beim zweiten Lied schaute der Ingenieur auf; er sah die Leute und blickte über sie hinauf, und obgleich hier viele andere waren, merkte Peter, daß er vom Herrn Ingenieur gesehen worden war. Er bemühte sich, durch seinen Blick ihm seine Teilnahme kundzutun, und nicht umsonst. Das versteinerte Gesicht des Herrn durchflog eine Bewegung; er schaute Peter so traurig und zugleich dankbar an, daß diesem jedesmal die Tränen in die Augen traten, wenn er sich jenes Blickes erinnerte.

Der Gesang war zu Ende, und er sah den Herrn Ingenieur nicht mehr, obwohl er auch mit zur Bahn gegangen war. Von der Station kehrten die beiden zur Stadt zurück und gingen Herrn Ursiny besuchen. Sie mußten auf ihn warten; als er kam und die beiden sah, freute er sich sehr.

„Der Herr Jesus hat euch geschickt", sagte er, „um mich zu stärken."

Man sah es ihm an, daß er wirklich einer Stärkung bedurfte; er war bleich und traurig. Er bat Stephan, ihm etwas aus Gottes Wort vorzulesen und zu erklären. Und der Herr Jesus gab Stephan so schöne, lebendige Worte, wie sie Peter noch nie von ihm gehört hatte.

Nachdem alle drei noch gebetet hatten, sagte Ursiny: „O wie gut ist unser Herr! Er wußte, daß meine Seele nach einer Erquickung lechzt wie ein Hirsch nach frischem Wasser, und daß ich unterlegen wäre, wenn er sie nicht gesandt hätte. So hat er auch euch bereit gemacht, diesen Weg zu unternehmen."

Sie teilten ihm dann mit, welche Absicht der Herr Ingenieur mit Peter habe. Es interessierte und erfreute ihn sehr. Auf Peters Befürchtung, daß der Herr Ingenieur jetzt in seinem großen Schmerz vielleicht alles vergessen habe, erwiderte er, das glaube er nicht.

So wartete Peter von Tag zu Tag auf Nachricht.

Das andere Ereignis, das sie zusammen besprachen, war, daß Stephan und später auch Peter öfters in den Borovsky-Hof gingen zu Herrn Nikolaj Korimsky, den man nach dem Begräbnis seiner Mutter hierhergebracht hatte und pflegte. Er war so schwach, daß man ihn tragen mußte. In der letzten Woche hatten Stephan und Peter ihn öfters im Lehnstuhl hinaus in den Wald getragen; er fühlte sich dort so wohl. Er sah die beiden gerne, besonders den Stephan; und sie kamen gerne zu ihm. Stephan erfuhr von ihm, daß Frau Rainer als ein begnadigtes Gotteskind gestorben sei, was sie hoch erfreute und anspornte, mit noch größerem Eifer für den Herrn Ingenieur zu beten, daß auch er den Herrn Jesus erkennen möge und sich so auf das Wiedersehen in der Ewigkeit freuen könne.

17. Liebe, Leid und Sieg

Der Tag ging zur Neige. Durch den Dubravawald wanderte, vom Borovskytal herkommend, Stephan Hradsky. Er war wieder bei der Großmutter gewesen. Über vieles hatte er nachzudenken; denn er hatte allerlei erfahren, was ihn sehr freute. Er hatte gehört, daß Herr Apotheker Korimsky, der bereits ein reicher Mann war, seine Apotheke gegen Ratenzahlung an Ursiny überlassen wolle, und daß Ursiny in dem Haus auf Kosten des Herrn Nikolaj einen Raum einrichten dürfe, wo er für die Podhrader Evangelischen ungehindert Versammlung halten könne.

Stephan freute sich, daß es seinem Freund nun endlich besser gehen sollte. Bruder Ursiny hatte zwar bewiesen, daß er zur Ehre Gottes Trübsal erdulden konnte, ohne den Herrn zu verleugnen, würde er aber auch im Wohlstand Gott zu verherrlichen wissen durch ein Leben voller Liebe und guter Werke?

Aber er dachte auch daran, wie den jungen Herrn Korimsky, als er bei ihm war, die Freundin seiner Schwester besuchte, und wie dieser ihr nachgeschaut hatte, als sie wegging. „Sie ist ihm eben so teuer wie mir Marischka", sprach er zu sich selbst. „Auch ich bin schon ganz glücklich, wenn ich Marischka nur sehe. Aber wie kommt es, daß Gott uns zu manchen Menschen soviel Liebe ins Herz legt? Ich habe zwar, Gott sei Dank, alle Menschen lieb und möchte für sie alles tun; aber mit Marischka ist es doch etwas ganz anderes."

Plötzlich blieb Stephan stehen. Er kam bei dem Wasserfall und der Papiermühle vorüber. Hier war es, wo er nach Jahren zum erstenmal wieder mit Marischka gesprochen hatte, und wo er ihr zum erstenmal Zeugnis ablegen konnte von der Gnade, die ihm widerfahren war. Wie anders war jetzt alles hier! Damals bildete das Wasser große Eiszapfen; jetzt rauschte es üppig und fröhlich wie fließendes Silber in seinem mit Blumen und sattem Grün überwachsenen Kessel. Damals bedeckte Schnee die Sträucher, jetzt prangten sie im grünen Schmuck; damals war es hier so still, daß man seinen eigenen Atem hörte, und jetzt riefen aus dem Wald der Kuckuck und der Specht, und Wachteln und Finken sangen. Um Stephans Kopf summten Bienen, und buntschillernde Fliegen durchschwirrten die Luft. Unter den Bäumen krochen in Gold und Edelstein gekleidete Käfer, und Schmetterlinge wie aus Seide flatterten von einem Zweig zum anderen.

„Überall Leben! Der Winter ist vergangen!" sagte Stephan in Gedanken. „Der Regen ist fort und dahin, die Blumen sind hervorgekommen im Lande, der Lenz ist herbeigekommen, und die Turteltaube läßt sich hören. Der Feigenbaum hat Knoten gewonnen, die Weinstöcke haben Blüten gewonnen und geben ihm Geruch. Stehe auf, meine Freundin, und komm, meine Schöne, komm her!"

„Ach, was denke ich!" unterbrach sich Stephan und schüttelte den Kopf; „das ist ja ein Bild von dem himmlischen Bräutigam und der Kirche. So kann wohl er zu mir sprechen, zu meiner Seele und zu Marischka. Wie kann ich mir erlauben, die Worte zu verdrehen!"

Er bedeckte sein Gesicht mit den Händen.

„Vergib mir, lieber Herr!" sprach er leise. „Ich kann nichts dafür; aber es ist in mir gerade so, wie um mich her, lauter Frühling. Ich denke, das kommt auch von Dir!"

Der junge Mann stand noch in sein Selbstbekenntnis vertieft, da begann plötzlich ganz nahe im Busch die Nachtigall ihr sehnsuchtsvolles, süßes Lied der Liebe zu singen. Unwillkürlich schaute Stephan dahin, woher die liebliche Stimme erklang, und da sah er in den Zweigen über dem Wasserfall ein allerliebstes Nest. In ihm, das Köpfchen zur Seite geneigt, saß das Weibchen, und über ihm auf einem Zweig der kleine Sänger. „Sie haben sich lieb!" dachte Stephan; „in der Natur liebt sich alles, aber alles; und ich -! Ja, ich weiß, ich liebe Marischka und möchte, daß sie mich auch liebt, da wir so zusammengehören wie jene Vöglein dort!"

Mit Gewalt mußte Stephan sich von der Stätte

trennen, die, wie es schien, nicht zu Unrecht für gefährlich galt – die Liebe bezauberte ihn.

Er eilte rasch auf die Wiesen zu; ihm nach tönte das Lied der Nachtigall; auch als er schon weit entfernt war, klang es noch immer in seinem Herzen nach. Auf dem Fußsteg ging er über die Wiesen, um aus dem Brunnen, der hier anstatt eines Grenzsteines stand, Wasser zu trinken. Ein reiner Bergquell floß hier aus dem Felsen. Er selbst hatte früher hier ein Gefäß an einer Kette befestigt, damit jeder seinen Durst löschen könne. Die Leute wußten nicht, wessen Werk es war; aber sie lobten den Täter.

Über dem Brunnen stand ein wilder Kirschbaum und an jeder Seite ein Tanne. Es war ein hübsches Plätzchen inmitten der blühenden Wiesen. Stephan lehnte sich an einen Felsen und blickte über die schöne Gotteswelt; aber wie er sich auch bemühte, an etwas anderes zu denken, seine Gedanken kehrten immer wieder zurück zu Marischka.

Das Tal erschien ihm von dieser Seite wie das Paradies, wo der glückliche Adam und die Eva wohnten. Wie lieb muß Adam die Eva gehabt haben, und wie glücklich müssen sie gewesen sein, daß sie so ungestört vor dem Angesicht Gottes, einer für den anderen, leben konnten!

Wenn inmitten dieser Wiesen und Wälder so eine kleine Hütte stände, wenn sie auch selbst kleiner wäre als Peters, und wenn es seine, Stephans, Hütte wäre und er dürfte Marischka hineinführen und den Menschen zeigen, wie es im Wort Gottes gemeint ist: „Ihr Männer, liebet eure Frauen, gleichwie Christus euch geliebet hat, die Gemeinde!"

Gerade als Stephan beschloß, Marischka zu fragen, ob sie Freude und Leid mit ihm teilen, ob sie sein werden wolle, da rauschten die Tannen, und ein überraschtes „Du bist es, Peter?" entschlüpfte Stephans Lippen.

„Ja, Stephan, bist du endlich da? Ich konnte dich gar nicht erwarten!" Peter fiel Stephan um den Hals.

„Warum bist du so glücklich, Peter?"

„Oh, ich habe Grund, mich zu freuen. Denke dir, der Herr Ingenieur hat mir geschrieben!" sagte jubelnd der Angeredete.

„Also wirklich? Und wie geht es ihm? Hat er sich von Gott trösten lassen?"

„Das weiß ich nicht; von sich schreibt er nichts." Die beiden Freunde lenkten ihre Schritte heimwärts; sie gingen langsamer.

„Und was schreibt er dir?"

„Zuerst dankt er mir und auch dir, daß wir zum Begräbnis gekommen waren; er hat mich nämlich gesehen und sagt, wir hätten ihm damit eine große Freundlichkeit erwiesen. Dann schreibt er, daß ihm Bruder Ursiny mitgeteilt habe, wie ich gemeint hätte, er habe vielleicht in seinem Schmerz sein mir gegebenes Versprechen vergessen; das solle ich nicht denken. Er sei gerade in einer Schule in

Deutschland gewesen, und man wolle mich dort aufnehmen. Ich solle mich mit dem Bau beeilen, er werde mich im Herbst selbst nach Deutschland bringen. Nun, was sagst du dazu, Stephan?"

„Ich weiß gar nicht, wie ich dem Herrn genug dafür danken soll, daß er so für dich sorgt und dich zu seinem Diener ausbilden lassen will. Als ich noch beim Militär war, wäre ich selbst sehr gerne in eine Schule gegangen; doch ich dachte: Zuerst mußt du heimgehen und verkündigen, was der Herr an dir getan hat. Wie sollte ich mich nun nicht mit dir freuen und dem Herrn Jesus danken! Aber ich weiß bis heute noch nicht, wie du eigentlich zuerst mit dem Herrn Ingenieur auf die Sache zu sprechen kamst."

„Ich wollte es dir, Stephan, schon längst sagen und dich um Rat fragen, was ich tun soll; ich habe mich bloß immer etwas davor gescheut, obwohl es nichts Böses ist. Gehen wir noch einmal zum Brunnen zurück; dort werde ich es dir sagen."

Stephan folgte freudig. Sie kehrten zurück und setzten sich unter den Kirschbaum. Inzwischen war es dunkel geworden. Das Abendrot erlosch; der helle Tag erstarb; er erwacht nie wieder und kehrt nie mehr zurück – und die graue Dämmerung breitete ihre Fittiche über die Welt. Die beiden Freunde konnten ihre Gesichter nicht mehr recht erkennen, und das war Peter lieb.

„Weißt du, Stephan", sagte er und schlang seine

Arme um die Knie, „ich habe Marischka so sehr lieb, wie ich es dir und niemandem auf der Welt sagen könnte.“

Stephan fuhr zusammen und schaute erschrocken auf den Kameraden.

„Ich weiß nicht“, sprach Peter erleichtert, „ob sie auch mich gern hat; aber ich denke doch. Du weißt aber, daß ich arm bin, und Blaschko ist ein stolzer Mann, der würde mir Marischka kaum geben. Nun, ich weiß selbst nicht wie, hatte ich das dem Herrn Ingenieur mitgeteilt, und er will mir helfen. Er versprach mir, wenn ich aus der Schule, wovon ich dir schon gesagt habe, zurückkehre, mir eine gute Stelle bei der Bahn zu verschaffen, damit ich Marischka heiraten könne. Denn so mit leeren Händen kann ich vor Onkel Blaschko nicht treten. Ich sprach sonst noch mit niemandem darüber, auch mit Marischka nicht; denn ich fürchte mich davor, daß nichts daraus werden könnte. Jetzt weiß ich nicht, was ich tun soll. Deswegen wollte ich dich, Stephanko, fragen: Soll ich schon jetzt Marischka fragen, ob sie mich mag, und sie bitten, auf mich zu warten, oder erst später?“

Es wurde still bei dem Brunnen. Stephan schaute auf die dunkle Welt um sich mit einem Gefühl wie vielleicht einst Adam, als er sich auf der Erde umschaute, doch nirgends, nirgends mehr das verlorene Paradies sah. Und Peter fragte ihn, ihn! Er sollte ihm raten!

„Warum sagst du nichts, Stephan?“ fragte verwundert Peter.

„Da läßt sich nicht so leicht Rat geben“, sprach dieser und konnte sich kaum überwinden, es freundlich zu sagen, so überwältigte ihn eine Bitterkeit gegen den Freund.

„Ich gehe dann jetzt mal nach Hause; morgen will ich dir meine Meinung sagen.“ Beide erhoben sich.

„Gut, Stephan, ich werde mich nach dem richten, was du mir raten wirst, obwohl ich am liebsten gleich zu Marischka gehen würde. Und doch fürchte ich mich davor; denn wenn sie mich nicht wollte, könnte ich es, scheint mir, nicht überleben.“

Der in seine Gefühle vertiefte Peter wartete nicht erst auf eine Antwort des Kameraden. Schweigend kamen sie zu dem Fußweg, wo ihre Wege auseinandergingen. Sie reichten sich die Hände, und jeder ging seinem Ziel zu.

Hradskys wunderten sich, wo Stephan solange sein mochte. Sein Abendessen wurde kalt. „Vielleicht ist er bei der Großmutter über Nacht geblieben“, sprach endlich Betka, und damit beruhigte man sich.

Währenddessen lag Stephan im Obstgarten unter einem Birnbaum und merkte nicht, daß die Stunden dahineilten, daß der Tau auf ihn fiel. Er wußte nichts als das eine: Wenn der Herr Jesus ihm nicht half, würde er in dem Kampf, in dem er stand, zusammenbrechen müssen.

„Ich habe ihn von der Landstraße aufgelesen, damit er nicht umkäme, und jetzt will er mir das Liebste nehmen. Aber ich werde ihm Marischka nicht hergeben. Was bliebe mir denn, wenn er sie mir nähme? Er meint es nicht zu überleben, wenn sie ihn nicht wollte? Ja, was sollte ich machen, wenn er sie sich aneignete? Er wird fortgehen, und ich bleibe hier und werde sie täglich sehen und werde Tag und Nacht an die Braut eines anderen denken, und das ist Sünde. Nein, Peter, ich kann sie dir nicht lassen!" Stephan dachte an all die Worte, die Marischka zu ihm gesprochen hatte, besonders nach der Krankheit. Er fühlte, daß er ein Recht habe zu hoffen, ja, daß sie schon sein wäre, wenn er sie heute abend gefragt hätte.

Aber wenn Peter morgen zu ihr gehen würde – sie hätte keinen Grund ihn abzuweisen; und er konnte doch Peter nicht zuvorkommen.

„Gehe jetzt!" riet eine verführerische Stimme in seinem Innern; „du kannst Peter morgen früh sagen, sie sei dir schon versprochen."

„Weiche von mir, Satan!" sprach Stephan entsetzt. „Wie könnte ich dem Peter morgen in die Augen sehen, wenn ich ihn heute so hinterginge? Er traut mir und verläßt sich auf mich; ich muß ihm einen Rat geben."

Stephan fühlte, wie die Nacht der Finsternis ihm

nahte. Er begann zu beten; unter bitteren Tränen bat er den Herrn, daß er von ihm nicht verlange, Peter so zu lieben, daß er ihm Marischka lassen müsse. Aber der Herr schien heute unerbittlich zu sein.

„Du sollst deinen Nächsten lieben wie dich selbst. – Verleugne dich selbst, nimm dein Kreuz auf dich und folge mir nach! – Was hülfe es dem Menschen, wenn er die ganze Welt gewönne und nähme doch Schaden an seiner Seele? – Ihr seid meine Freunde, so ihr tut, was ich euch gebiete! – Was ihr wollt, daß euch die Leute tun sollen, das tut ihr ihnen auch. – Gib mir, mein Sohn, dein Herz!"

So und ähnlich sprach der Herr durch seinen Heiligen Geist. Er forderte Stephans Herz zum Opfer, und das tat weh, sehr weh. Stephan hatte gedacht, er habe es ihm schon längst geschenkt, und jetzt fühlte er, daß es nicht wahr sei und daß in ihm keine Kraft sei, es zu tun.

Um ihn und in ihm wurde es ganz dunkel, denn in dem Augenblick, als er die Hände rang und sagte: „Ich lasse sie nicht, Herr, ich kann sie nicht lassen!" war es ihm, als ob die lichte, segenbringende Gestalt, die ihn seit seiner Bekehrung umgab, ihn verlassen hätte und er allein geblieben wäre.

Eine Weile lag er am Boden wie tot oder wie einer, den eine schwere Krankheit ganz niedergeworfen hat. Es war ihm wie ein Augenblick der schrecklichen Ewigkeit, die derer wartet, die berufen waren und auserwählt, aber nicht treu erfunden, die nicht bis ans Ende beharrten.

Dann ermannte sich Stephan.

„O Herr Jesus, erbarme Dich meiner! Kehre zu mir zurück! Ich kann alles verlieren und hingeben, nur Dich nicht; nur Du verlaß mich nicht! Dir gebe ich mein Herz, hier hast Du es! Gib Marischka dem Peter und Dich schenke wieder mir; denn ohne Dich kann ich nicht leben!"

Es wurde still im Obstgarten. Der Wind bewegte die Zweige und schüttelte die Tautropfen auf Stephan, aber sie brachten ihn nicht dazu, die geschlossenen Augenlider zu öffnen.

Einmal war er der Welt gestorben, dort in N., wo der Teufel und die Sünde in ihm einen treuen Sklaven verloren. Damals war er der Sünde und der Lust gestorben, jetzt aber starb er sich selbst, und dieser Tod war viel schmerzlicher; doch nun war er auch hinter ihm. Er würde nicht mehr sich selbst sterben und den alten Adam ans Kreuz schlagen müssen; er war schon fest angeschlagen.

Der Kampf war zu Ende, der Sieg erkämpft, und jetzt kam der Friede! Stephan traute sich kaum zu rühren, um diesen ungekannten Frieden, der alle Vernunft übersteigt, nicht zu verlieren.

Der Schmerz, die Bangigkeit, das Entsetzen, alles war vergangen; nur der Friede blieb.

Als der Morgen dämmerte und Peter gerade aufgestanden war, kam plötzlich Stephan.

„Ich habe heute nacht viel über deine Worte von gestern nachdenken müssen", sprach er ernst, „und ich denke, es ist des Herrn Wille, daß du noch heute mit Marischka sprichst. Wenn Gott ihr Liebe zu dir ins Herz gegeben hat, so wird sie es dir sagen; wenn nicht, Peter, so bedenke, daß wir uns gegen den Willen Gottes nicht auflehnen dürfen, auch wenn er das Herz von uns fordert."

Peter konnte seine Augen von dem Freunde gar nicht abwenden. Stephan erschien ihm heute, er wußte gar nicht warum, viel größer als sonst. Sie lasen dann zusammen den Brief des Herrn Ingenieurs, nachher das Wort Gottes, zuletzt betete Stephan innig, der Herr möge Peters Angelegenheiten alle zur Ehre seines Namens ausführen. Dann trennten sie sich.

„Ich gehe jetzt, das untere Ende unserer Wiese zu mähen!" sagte Stephan; „auch bei Blaschkos werde ich ein Stück abmähen. Marischka wird nachher kommen, um zu rechen, da kannst du mit ihr auf die Wiese gehen, und ihr könnt dann miteinander sprechen."

Oh, wie dankbar folgte ihm Peter! Als er dann nach einer Stunde neben Marischka mit dem Rechen über die Wiesen schritt, begegneten sie unweit des Brunnens Stephan mit der Sense über der Schulter; er kehrte von der Arbeit heim.

„Ich habe euch schon gemäht!" rief er ihnen mit einem Lächeln zu. Er schaute aber dabei nur Peter an; dem strahlenden Blick Marischkas wich er sorgfältig aus.

„Danke schön, Stephan!“ Sie reichte ihm die Hand. Er mußte sie nehmen und mußte dabei auch in das liebliche, teure Gesicht schauen. Er fühlte, daß sie ihm immer teuer bleiben werde; aber auch, daß er genug Kraft habe, dies große Glück Peter zu gönnen.

„Ich will euch nicht aufhalten“, sagte er, „damit ihr das Gras, solange es noch im Schatten ist, aufrechen könnt; es ist noch sehr jung und würde sonst schnell vertrocknen.“ Sie schauten ihm eine Weile nach, wie er weiterschritt; die Sense auf seiner Schulter blitzte im Sonnenschein.

Sie hatten bald gerecht und das Gras zusammengebunden. Sie sprachen über den Brief des Ingenieurs, und Marischka, der Peter erst jetzt die Absicht seines Wohltäters mitteilte, hörte mit Staunen davon. So kamen sie auf das zu sprechen, worauf Peter hinauswollte. Marischka half ihm selbst darauf durch eine Frage.

„So bleibst du dann nicht mehr Weber, Peter? Aber warum? Gefällt dir das Handwerk nicht mehr?“

„Mir wohl; aber von der Weberei kann man nicht mehr gut leben.“

„Ihr beide braucht doch nicht soviel!“ sprach verwundert das Mädchen.

„Wir werden bestimmt nicht immer nur zwei

sein, Marischka", sagte Peter und schaute das Mädchen an.

Sie verstand ihn. „Du denkst ans Heiraten?"

„Wundert dich das, Marischka? Ich bin jung, und die Mutter ist alt, und ich habe sonst niemanden auf der Welt. Nun, ist es da so sonderbar, daß ich nicht allein bleiben will, daß ich jemanden haben möchte, der mit mir Freude und Leid teilt, für die ich arbeiten könnte; kurz, daß ich eine Frau haben möchte, die mit mir Gott dienen will?"

„Es wundert mich nicht!" antwortete das Mädchen und errötete unter dem Blick Peters; „aber du hast früher nie darüber gesprochen."

„Auch jetzt würde ich nicht davon sprechen", sagte Peter und neigte sich zu der Kameradin, „wenn ich dich nicht fragen wollte, ob du auf mich warten möchtest, bis ich von Deutschland zurückkomme."

„Aber Peter!" Sie trat einen Schritt zurück.

„Ach Marischka, ich habe dich schon lange liebgehabt, sehr lange; und wie lieb ich dich jetzt habe, kann ich dir gar nicht sagen. Ich weiß, daß ich deinem Vater als ein armer Mensch nicht genügen würde, darum gehe ich in die Schule, um etwas zu lernen. Wenn ich dann eine Anstellung bekomme, wo ich eine Frau ernähren kann, werde ich ihn bitten, dich mir zu geben, wenn du mich magst. Ich habe keine Erdengüter, nicht einmal einen Namen von meinen Eltern; aber ich habe einen

Vater im Himmel und den neuen Namen, den mir der Herr Jesus gegeben hat. Wenn du mich liebhaben kannst, so versprich mir, daß du auf mich warten und mein werden wirst, wenn du dich meiner nicht schämst."

Peter sprach's. Er schaute das Mädchen an und wußte nicht, was er davon denken sollte, daß sie ihn so still, ohne ein Wort der Erwiderung ausreden ließ, daß sie dastand, so blaß, die Augen auf den Boden geheftet. Bei den letzten Worten bewegte sie sich ein wenig. – Ja, er wußte nicht, was er denken sollte von seiner Kameradin, als sie mit einem Mal ihr Gesicht mit beiden Händen bedeckte.

„Marischka, was ist dir?" fragte er erschrocken und wollte ihr die Hände vom Gesicht wegziehen. Sie ließ es sich gefallen und schaute ihn unter Tränen an.

„Peter, ich würde mich deiner nicht schämen; denn du bist Gottes Kind. Ich habe dich lieb wie meinen eigenen Bruder. Es tut mir sehr leid, daß du so verlassen bist in der Welt. Ich würde dich gern heiraten, auch wenn du ein armer Weber wärst; meinetwegen brauchtest du nicht wegzugehen aus unserem Kopanizengebirge. Wir hätten genug, auch für deine Mutter. Und wenn ich wollte, würde auch der Vater nichts dagegen sagen. Aber ich kann dich nicht heiraten."

Schluchzen erstickte die letzten Worte.

„Du kannst nicht?" Peter griff nach der Hand des Mädchens und hielt sie fest in seiner erkaltenden. „Warum kannst du nicht, wenn dich meine Armut und sonst nichts hindert?"

„Darum, Peter, weil ich auch als deine Frau immer nur an Stephan denken müßte, so wie ich seit seiner Krankheit Tag und Nacht an ihn denken muß. Ich kann nichts dafür, Peter. Niemandem in der Welt hätte ich es gesagt, aber dir gegenüber muß ich es; denn ich würde dich und mich betrügen, wenn ich es nicht sagte."

„Und weiß Stephan davon?" kam es finster über Peters Lippen.

„Stephan? Wie sollte er davon wissen?" erwiderte das Mädchen und richtete sich stolz auf. Aber als sie die Blässe und den Schmerz des jungen Mannes sah, kniete sie neben dem Grasbündel nieder, barg das Gesicht in die Hände und weinte bitterlich. Er tat ihr so leid, aber sie konnte ihm nicht helfen.

„Weine nicht, Marischka!" sprach Peter nach einer Weile, „ich glaube dir, daß du nicht kannst, und wundere mich auch nicht. Wer Stephan mit mir vergleicht, wird sich immer für ihn entscheiden. Ich werde dir das Bündel aufheben. Gehen wir nach Hause."

Sie stand auf, trocknete ihre Tränen ab und reichte ihm dann die Hand: „Peter, sei mir bitte nicht böse!"

Er nahm die dargebotene Hand, behielt sie eine Weile und sprach: „Ich bin dir nicht böse!“

Dann nahmen sie das Gras und gingen, ach, nicht mehr so glücklich, wie sie gekommen waren! Beide waren niedergeschlagen, sie vor Traurigkeit, daß sie dem Kameraden so weh getan hatte und ihm beim besten Willen nicht helfen konnte, und er vor großem Schmerz, daß alle seine schönen Zukunftsträume so enden mußten. Schweigend kamen sie bis zur Scheune; dort, nachdem Peter das Gras hingeworfen und Marischka das Bündel aufgeknüpft hatte, reichte er ihr die Hand: „S Bohom (Mit Gott), Marischka!“

„S Bohom, Peter!“

Die Tränen flossen ihr wieder, sie wußte nichts zu sagen. Auch er drückte ihr nur schweigend die Hand und ging – aber nicht nach Hause. Er fühlte, daß er allein sein mußte, wenn er nicht erstikken sollte; so suchte er im Dubravawald ein dichtes Gebüsch auf, und dort warf er sich auf die Erde wie Stephan gestern im Obstgarten.

Er hatte gesagt, er überlebe es nicht, wenn Marischka ihn nicht mögen würde; und nun mochte sie ihn nicht, und er lebte noch.

Er stellte sich die vergrößerte Hütte vor. Wofür hatte er nun gebaut? Sie würde ja nie hineinkommen! Ach, wenn sie ihm wenigstens etwas anderes gesagt hätte, nur nicht das „wegen Stephan“! Wundern konnte er sich ja nicht darüber; denn was für ein Mensch war Stephan! Peter fühlte das Bedürfnis zu beten; aber er hatte keine Kraft dazu. In einem anderen Fall würde er zu Stephan gehen, der könnte ihn trösten; aber jetzt, wenn er ihm doch nie mehr zu begegnen brauchte! Aber sie mußten sich irgendwo treffen; Stephan würde bald kommen und ihn fragen.

„Du bist das Hindernis meines Glückes; wenn du nicht wärest, würde nichts meiner Heirat im Weg stehen. Ich brauchte nicht in die Welt zu gehen, Marischka würde mich auch so heiraten; aber du bist das Hindernis."

„Ja, das werde ich ihm sagen!" nahm sich Peter in seiner Bitterkeit vor. „Ich werde ihm sagen, warum er mich nicht lieber auf der Landstraße hat erfrieren lassen, als daß ich so einsam in der Welt bleiben sollte, so allein! Was mach' ich nur? Wie halte ich das aus bis zum Herbst? Fort muß ich ja ohnehin, was sollte ich hier noch machen!"

Er zog den Brief des Herrn Baron heraus und las ihn noch einmal: „Ende August komme ich dich abholen!" Jetzt war erst Juni; noch viele Wochen lagen dazwischen.

„Ach, Herr Jesus, was soll ich nur machen, wenn ich niemanden habe, der mir raten könnte!"

Krampfhaft hielt er den Brief in seiner Hand, und eine unbeschreibliche Sehnsucht nach dem Herrn Ingenieur überkam ihn. Es schien ihm, als müßte seinem Herzen leichter werden, wenn er seinen Kopf an die Brust des einsamen Mannes lehnen könnte.

Er hatte geschrieben: „Ich kann gar nicht sagen, welche Wohltat du mir erwiesen hast, indem du kamst und vor mir standest in einem Augenblick, wo ich schon im Meer des Schmerzes versinken zu müssen glaubte, und mich dadurch erinnertest, daß ich noch dich habe und für dich sorgen müsse."

„Daß ich noch dich habe ..." Ja, diese Worte berührten Peter derart, daß er in Schluchzen ausbrach. Waren sie beide, der Herr Ingenieur und er, nicht in gleicher Lage? Beide hatten niemanden und würden auch niemanden haben; sie waren einsam in der Welt.

Wenn er wüßte, wo der Herr Ingenieur wohnte, ginge er zu ihm und bäte ihn: „Nehmt mich als Diener an, wie ein Sohn will ich Euch pflegen; Ihr braucht mir nichts zu geben außer Kost und Kleidung." Dann brauche ich nie mehr Stephan und Marischka zu sehen. Aber ich würde Stephan auch nie mehr vom Herrn Jesus sprechen hören."

Eine gewisse Wehmut mischte sich plötzlich in die Bitterkeit seines Herzens: „Herr Jesus, vergib mir! Ich hasse wohl gar den Stephan. Als ob er dafür könnte, daß er so ist, wie er ist, und daß wir ihn alle liebhaben müssen. Er hat sich doch unsere Liebe teuer erkaufen müssen, da man ihn dafür, daß er uns zu Dir brachte, fast zu Tode marterte. Er kann nichts dafür."

„Und wer weiß“, Peter wurde plötzlich stutzig, „ob er nicht selbst Marischka gern hat?“ Er erinnerte sich an verschiedenes, was ihm früher nicht aufgefallen war. „Warum, wenn ich sie liebhabe, könnte nicht auch er sie liebhaben? Aber würde er an meiner Stelle sie mir auch so mißgönnen?“

„Oh, mein Gott und Vater, hilf mir in diesem Leid!“ Endlich kam Peter aus dem Labyrinth der aufgeregten Gefühle in die Gebetsstimmung hinein. Zwar war das Gebet zu ungereimt, als daß man es wiedergeben könnte; aber es drang doch zum Himmel durch und fand Erhörung.

„Was ist dir, Peter?“ rief Frau Kratschinsky erschrocken, als ihr Sohn heimkehrte. „Du bist ja so blaß und eingefallen! Du hast dir doch nicht etwa gestern beim Holzheben Schaden getan?“

„Aber nein, Mutter, sorgt Euch nicht! Ich habe etwas Kopfweh.“ Sie kochte ihm einige Kräuter, und damit sie sich nicht noch mehr sorgte, trank er davon und ging gleich an die Arbeit.

„Höre, Peterko (Peterchen)“, sagte einer der Zimmerleute zu ihm, „ich konnte heute nacht nicht schlafen und ging im Obstgarten umher und kam bis an Hradskys Garten; da lag jemand am Boden und weinte und betete, und immer hörte ich ihn sagen: ‚Ich kann sie ihm nicht lassen, ich kann nicht!‘ Es schien mir fast, als sei es Stephan Hradskys Stimme.“

Peter ging an das andere Ende des Balkens, dann

lief er unter dem Vorwand, seine Axt schärfen zu müssen, ins Haus hinein; aber er schärfte sie nicht.

„Stephan hat sie also wirklich lieb? Und wie schwer es ihm auch fiel; er wollte mein Glück nicht zerstören, und ich zürnte ihm so sehr, als sei er mein ärgster Feind. Du sollst nicht allein gut sein, Stephan, nein!"

Peter kehrte zur Arbeit zurück, von neuem Licht belebt; denn eine tiefe innere Belohnung liegt immer im Opfer, wenn wir am Grab unseres Glückes bereit sind, unserem Bruder das Glück aufzubauen.

* * *

„Ja", dachte Mischko Blaschko bei sich selbst, „warum ist Marischka heute so traurig?" Er hätte sie gern danach gefragt; aber weil immer Leute da waren, konnte er nicht. Abends gingen alle zur Arbeit hinaus; nur sie allein blieb zu Hause, um das Abendessen zu kochen. Sie ging im Hause umher wie umgewandelt; auch das drückte sie, daß Peter sie gefragt hatte, warum sie ihn nicht heiraten könne.

„Wenn der Herr Jesus verlangt, daß wir die Menschen so lieben sollen, wie Er uns geliebt hat", dachte das Mädchen, „so will Er vielleicht, daß ich zu Peter gehe und ihn glücklich mache. Gott würde mir helfen, Stephan zu vergessen, wenn ich Ihn darum bäte. Ach, ich kann Peter nicht so traurig sehen; lieber will ich den Schmerz selbst tragen. Wenn ich mit ihm zusammenkomme, will ich ihm sagen, ich hätte es mir überlegt und wolle auf ihn warten, und Stephan würde ich mit Gottes Hilfe schon vergessen."

Das Mädchen lehnte sich an die Tür der Mühle über dem Mühlwehr und schaute in das Wasser. Da fiel ihr plötzlich das Liedchen ein (das auf deutsch ungefähr lautet):

Schwer, ja schwer ist der Mühlstein,
aber noch schwerer der Ehestand.
Den Mühlstein kann man abwälzen,
aber den Ehestand nicht aufheben.

Ach ja, es ist schrecklich! Aber wenn es das Kreuz wäre, welches der Herr Jesus auflegt, müßte sie es auf sich nehmen.

Sie wandte ihre Blicke vom Wasser weg und schaute auf die vom Abendrot überflutete Mühle ... dort, an den Pfosten gelehnt, stand jemand.

„Stephan!" rief sie, daß ihre helle Stimme das Rauschen des Wassers übertönte. Sie streckte ihm beide Hände entgegen, so bittend, als ob sie von ihm Hilfe und Schutz erflehen wollte. Und als er, wie von einer unwiderstehlichen Macht getrieben, die Arme nach ihr ausbreitete, warf sie sich hinein.

„Stephan", sagte sie, ahnend, daß er sie verstehe,

daß er schon von Peter alles wisse, „ich kann Peter nicht heiraten. Wenn Gott von mir verlangt, ein solches Kreuz zu tragen, so kann ich es nicht!“

„Oh, Marischka“, sagte er und strich ihr über die Stirn, „wir denken manchmal, er verlangt zuviel von uns; aber wenn wir uns unter seinen Willen beugen, wird alles gut.“

Seine Stimme zitterte. Marischka lehnte ihren Kopf an seine Brust, schloß die Augen und stellte sich vor, ob sie ihn vergessen könnte, und fühlte, daß sie es nie, nie, weder hier noch in der Ewigkeit können würde.

Sie hörte, wie er ihr den Peter lobte, obwohl ihm die Stimme versagte. Als er sie endlich fragte, warum sie den Kameraden nicht heiraten könne, schaute sie auf, ihre Augen begegneten sich – und Stephan fragte nicht weiter. Er wußte alles. Er zog sie an sich, und so standen sie, vom Abendrot umflossen, in der Fülle des göttlichen Lichts. Zu ihren Füßen rauschte das Mühlwehr wie ein Abbild von dem Strom des lebendigen Wassers, welcher von dem Throne Gottes und des Lammes fließt.

Es war ein heiliger Augenblick; die Verbindung zweier Herzen, die Gott füreinander geschaffen hatte und die hier vor Gottes Angesicht zusammenkamen in dem Augenblick, als sie sich füreinander auf immer verloren glaubten.

Dort oberhalb der Mühle sang eine Nachtigall,

Stephan erkannte sie. Aber wie verschieden waren jetzt seine Gefühle von dem Sehnen gestern! Gestern hatte er sich nach einer Lebensgefährtin gesehnt, die er sich selbst suchen wollte; heute wußte er, daß der Herr Jesus sie ihm geschenkt hatte; er nahm sie an als eine kostbare Gabe Gottes und als einen Schatz.

* * *

„Ich wollte sie dir lassen, Peter“, sprach er an demselben Abend zu seinem Freund, als dieser kam, um ihm zu sagen, warum Marischka ihn nicht nehmen könne. „Der Herr ist mein Zeuge. Aber sie war nicht mein, sondern Gottes. Gott handelt mit dem, was sein ist, nach seinem Willen und gibt es, welchem er will. Er gab sie mir.“

Peter sah es ein und beugte sich unter den Willen Gottes. Das, was die beiden Kameraden für immer hätte trennen können, vereinigte sie um so fester. Dadurch daß jeder bereit gewesen war, sein Glück dem anderen zu opfern, achteten sie sich gegenseitig um so höher.

Der Verlust würde Peter lange schmerzen; aber er starb nicht an der Wunde. Sein Schmerz wurde geheiligt und wird ihm ewigen Gewinn bringen.

18. Baron Rainer

„Pomáhaj Pan Bóh!" (Gott helfe dir – slowakischer Gruß bei der Arbeit) rief eine Woche später jemand Peter zu, als dieser auf der Wiese mähte. Er schaute sich um und – fast wäre ihm die Sense entglitten.

„Herr Ingenieur! Bruder Ursiny!" Peter kam von einer Umarmung in die andere.

„Ach, wie seid Ihr so plötzlich hergekommen?" fragte er voller Freude.

„Wir könnten sagen", lächelte der Herr Baron, „um dir zu helfen; aber für meinen Teil wäre es eine Unwahrheit, denn ich kann nicht mähen."

„Ich auch nicht, sonst würde ich für dich fertig mähen, Peter. So mache du es nur fertig; wir werden dir zusehen."

Peter folgte, und bald lag das Gras darnieder und die Sense auf der Schulter. „Also, gehen wir!"

„Ist das eure Wiese?" erkundigte sich Rainer.

„Oh, wie kämen wir zu einem so großen Besitz! Das gehört Petrowitschkas. Der Sohn hat sich in die Hand geschnitten, und der Schwiegersohn liegt schon lange krank; da haben wir, Stephan, Mischko und ich, uns verabredet, ihnen die Wiese zu mähen. Die beiden mähten gestern, mein Teil blieb für heute. Gut, daß ich mich so beeilt habe."

„Und wer ist das dort?" fragte Ursiny und zeigte auf eine nahe Wiese.

„Das sind Hradskys. Wenn Stephan es wüßte!"

„Rufe ihn nicht, Peter! Ich gehe schon selbst hin. Also auf Wiedersehen!"

„Nun, wie geht es?" erkundigte sich der Baron, als sie allein waren.

„Mir, gottlob gut! Aber wie geht es Euch, Herr Ingenieur? Habt Ihr den Schmerz überwunden?" fragte Peter teilnehmend und schaute in das schöne, blasse Gesicht des Herrn.

„Ich beugte mich unter den Willen Gottes, Peter, so wurde es mir leichter."

„Ja, so ist es; wenn man sich dem Willen Gottes unterwirft, so wird alles gut", stimmte Peter bei.

„Und der Anbau? Ist er schon fertig?"

„Gebaut ist schon, auch gedeckt; und die Fenster und Türen werden wir heute einsetzen."

„Aber du bist, scheint mir, nicht zufrieden?" forschte der Baron, dem der Schatten auf Peters Gesicht nicht entgangen war. „Ist euch etwas nicht gelungen?"

„Oh, es ist alles gelungen; aber es freut mich nicht mehr, wir bauen umsonst." Peter neigte den Kopf.

„Hast du mit Blaschko oder mit Marischka gesprochen?"

„Mit Marischka! Sie gehört Stephan."

„Stephan? Weißt du es bestimmt?"

„Sie selbst hat es mir gesagt." Und durch Fragen und Blicke des Barons aufgefordert, erzählte Peter ihm alles.

„So gehe jetzt bald mit mir, Peter!“ sagte plötzlich der Baron. „Wie könntest du ihrem Glück zusehen!“

„Stephan hätte es auch können müssen, und ich kann es mit Gottes Hilfe auch. Ich kann der Mutter die Hütte nicht so lassen; erst muß ich alles in Ordnung bringen. Ein Mensch kann sterben. Wer weiß, ob ich zurückkehre; so will ich ihr noch jetzt alle Liebe ersetzen, damit sie wenigstens gern an mich denkt, wenn ich sie in einem so schönen Häuschen zurücklasse.“

„Und sprachst du schon mit ihr darüber, daß du fortgehst?“

„Ja. Zuerst weinte sie; dann freute sie sich aber und sagte: ‚Geh, mein Sohn! Wenn es dir in der Welt besser gehen sollte, will ich dich nicht zurückhalten. Nur vergiß mich nicht ganz.‘ Aber Herr Ingenieur, etwas hat mich betrübt.“

„Und was ist es?“

„Die Mutter gestand mir, daß Ihr ihr Geld von meinem Vater gegeben habt.“

„Nun, verdient es die Mutter nicht, daß der, dem sie den Sohn erzogen hat, in ihren alten Tagen für sie sorgt?“

„Und war es wirklich von meinem Vater? War es nicht von Euch?“ Peter faßte fest die Hand des Mannes.

„Es war von deinem Vater.“

„Ihr kennt ihn also?“

„Ja. Er ist ein reicher, aber dabei sehr armer Mann, der ganz allein in der Welt steht."

Peter neigte nachdenklich seinen Kopf. „Herr Ingenieur", sagte er nach einer Weile, „ich gehe mit Euch nach Deutschland, aber nur, wenn Ihr mir versprecht, daß Ihr meinem Vater nicht erlaubt, für mich zu zahlen. Der Mutter mag er etwas schicken, wenn Ihr meint, daß es recht sei; aber ich will niemals etwas von ihm haben."

Das Gesicht des Barons wurde leichenblaß. „Peter, wie kommt es aber, daß du von mir etwas annimmst?"

„Das ist etwas anderes. Ihr seid ein ehrenhafter Mann und wollt mir um Christi willen Gutes tun. Gott wird es Euch vergelten, und ich liebe Euch. Aber mein Vater ist ehrlos; das Schlimmste, was er konnte, hat er mir angetan, und ich sollte jetzt von ihm etwas annehmen? Ich müßte ersticken bei dem Bissen Brot, den er mir gäbe."

Wie Aprilwetter durchzuckten das Gesicht des Mannes die verschiedenen Bewegungen; endlich endeten sie mit einem schmerzlichen Entschluß.

„Dann kann ich dich also nicht mitnehmen, Peter!" sprach er und setzte sich unter einen Baum.

„Warum?" fragte Peter erschrocken, nicht weil er bleiben müßte, sondern weil der Herr Ingenieur so traurig geworden war.

„Warum? – Nun, weil du mit deinem Vater zusammenkommen müßtest, so oft du zu mir kämest. Du müßtest an einem Tisch mit ihm essen, und das wäre unerträglich für ihn und für dich, wenn du ihn in deinem Herzen so sehr verachtest. Doch wie soll dein Vater an die Gnade Gottes glauben, wenn du für ihn keine Vergebung hast; er ist verurteilt und verloren in Ewigkeit!"

Peter stand da wie zerschlagen; denn der Herr Ingenieur bedeckte das Gesicht mit beiden Händen. Ihm zuliebe würde er schon dem Vater vergeben; aber an einem Tisch mit ihm speisen, nein, das könnte er nicht!

„Warum quält Euch das so sehr, Herr?" sprach er nach einer Weile zaghaft. „Stellt Euch doch vor, Ihr wäret an meiner Stelle!"

Der Herr Ingenieur antwortete nichts. Plötzlich sanken die Hände von seinem Gesicht, das so blaß war wie damals beim Begräbnis.

Es schnürte Peters Herz zusammen. Der Baron zog etwas aus der Tasche.

„Wenn du auch deinem Vater nicht vergeben kannst", sprach er, und seine Stimme zitterte, „so vergib wenigstens deiner Mutter; da habe ich dir ihr Bild mitgebracht. Es ist unmöglich, daß du nicht wenigstens sie lieben würdest." Halb furchtsam, halb verlangend griff Peter nach dem Bild und verschaute sich hinein. Es stellte das Brustbild eines sehr schönen 16jährigen Mädchens dar. Das Gesicht strahlte lauter Frohsinn aus, mit großen Augen und einem wie zum Singen geschaffenen

Mund. Das jugendliche Haupt war von einem Blumenkranz umschlungen, und im Gürtel steckte ein Blumenstrauß.

„Das soll meine Mutter sein?“ meinte Peter verwundert; er konnte seine Augen gar nicht abwenden von dem Bild. „Wie schön! Auch gut muß sie gewesen sein.“

„O gewiß, sie war sehr gut. Ein Glück, daß sie nicht weiß, wie sehr ihr Sohn zürnt, um den sie so viel geweint hat. Peter, kannst du nicht einmal ihr vergeben? Sie war so jung; als du geboren wurdest, zählte sie erst 17 Jahre.“

„Und wie alt war mein Vater?“ fragte Peter, wunderbar gerührt, und schaute unverwandt auf das Bild.

„Einundzwanzig.“

„Nur! Und er hat sie verlassen? Die Mutter sagte, sie sei gestorben, als ich vier Jahre alt war.“

„Sie starb vor der Hochzeit.“

„So! Hätte er sie geheiratet?“ seufzte Peter auf und streichelte das Bild.

„Ja.“

„Und warum haben sie es nicht früher getan?“

„Weil er noch keine Stellung hatte, in der er heiraten konnte, und ihr Vater hätte sie ihm nicht gegeben.“

„Und das Bild meines Vaters habt Ihr nicht?“

Eine Weile kämpfte der Baron heftig mit sich – dann zog er eine andere Photographie hervor, die einen etwa zwanzigjährigen jungen Mann mit geistvollen schönen Zügen darstellte.

Mit fast abergläubischer Furcht schaute Peter auf das Bild. Je länger er darauf blickte, um so sonderbarer wurden die Empfindungen seiner Seele. Er schaute von dem Bild auf den Mann, der an den Baum gelehnt stand, als brauche er eine Stütze, und wieder auf das Bild. Dann legte er die Bilder zusammen, sah sie eine Weile an und fragte: „Gebt Ihr sie mir?"

„Das Bild der Mutter, ja! Aber was sollte dir des Vaters Bild?" sprach traurig der Herr Ingenieur. „Wenn du ihn jetzt nicht sehen magst, was nützte dir das vor Jahren angefertigte Bild! Deine Mutter sah noch auf dem Sterbebett so aus wie auf dem Bild. Aber dein Vater hat sich sehr verändert und ist jetzt ein alter Mann."

„Aber laßt mir sein Bild, Herr Ingenieur, wenigstens solange Ihr da seid!"

Der Baron zuckte die Achseln. Schweigend schritten sie den Häusern zu. Peter war bedrückt, weil er den Herrn Ingenieur betrübt hatte. „Wenn ich ihn, der mir Gutes tun will, betrübt habe, so ist der Herr Jesus gewiß nicht mit mir zufrieden. Er befiehlt zu vergeben und zu lieben. Gewiß, meine Eltern haben gesündigt. Es war eine große Sünde, und ich habe schwer daran tragen müssen; aber sie waren noch jung, und gewiß sind sie von der Sünde überwältigt worden wie von einer plötzlichen

Krankheit. Wer weiß, ob sie den Herrn Jesus gekannt hatten, ob er ihnen offenbart war? Schwerlich! Vielleicht wenn sie das Gesetz Gottes besser gekannt hätten! – Aber wenn sie so erzogen waren wie die Herren, von denen Stephan erzählte, gewiß haben sie nicht bedacht, wie schrecklich die Sünde ist."

Peter dachte zurück an Zeiten in seinem vergangenen leichtfertigen Leben, wo er selbst dem Fall so nahe war und nur dadurch bewahrt worden war, daß er nicht dem Vater gleichen wollte.

Er bemerkte nicht, wie gespannt und ängstlich der Herr Ingenieur in sein schönes, nachdenkliches Gesicht blickte, von dem man fast ablesen konnte, was Peters Gedanken beschäftigte.

„Lieber Herr", sagte er plötzlich bittend, „Ihr wißt gewiß alles, so erzählt es mir doch, daß ich wenigstens weiß, wie es dazu kam. Vielleicht kann ich es dann eher verschmerzen und mich mit allem aussöhnen."

„Das ist nicht so leicht gesagt. Wir sind den Häusern schon nahe. Du hast noch nicht gefrühstückt, und auch ich will mir von deiner Mutter etwas Milch ausbitten. Gehen wir jetzt hinunter, dann wollen wir in den Dubravawald gehen, dort sollst du alles erfahren", sagte der Herr Ingenieur gütig, aber so traurig, daß es ihm die Tränen in die Augen trieb.

Frau Kratschinsky freute sich nicht wenig über

den unerwarteten Besuch. Sie trug zusammen, was sie nur konnte, um den Gast zu bewirten; aber er nahm nur Milch. Teilnehmend fragte sie ihn manches über seine verstorbene Frau. Es tat ihr zu leid, daß solch ein guter, lieber Herr so einsam auf der Welt war.

19. Ein Freund und ein Vater

Auf Hradskys Wiesen herrschte unterdessen große Freude. Die ganze Familie war hier beisammen. Die Männer mähten, und die Frauen schnitten das Gras zwischen den Bäumen. Die Kinder kugelten sich vom Hügel ins Tal hinab und hatten ihre Freude daran. Aber jeder ließ alles liegen, als man Stephan freudig rufen hörte: „Bruder Ursiny!"

Wirklich, der Herr Provisor stand dort oben und reichte Stephan beide Hände.

„Wie fleißig seid ihr alle! Pán Bóh vám pomáhaj!" begrüßte er sie.

„Pán Bóh daj! A pekne vitam u nás!" (Gott gebe! Und schön willkommen bei uns!)

Der Herr Provisor wollte, daß Hradskys ruhig weiterarbeiteten, er würde ihnen zuschauen; aber daraus wurde nichts.

„Wir werden auch ohne dich fertig, Stephan", sagte Hradsky, „führe Herrn Ursiny zu uns nach Hause!"

Stephan schaute erfreut auf den Vater.

„Wenn Ihr mir Stephan überlaßt, bin ich Euch sehr dankbar!" sagte der Herr Provisor; „aber wir gehen nicht nach Hause. Es ist hier so wunderschön und angenehm; wir werden uns hier unter die Sträucher setzen."

Sie ließen sich nieder.

„Wie froh bin ich“, sprach Stephan und trocknete sich den Schweiß von dem schönen erhitzten Gesicht, „daß du zu uns gekommen bist, Bruder! Da hast du doch dein Versprechen gehalten, daß du während deines Aufenthalts in Borovskytal uns besuchen würdest.“

„Auch ich bin dem Herrn dankbar, daß Er es mir ermöglicht hat.“

„Du bleibst doch den ganzen Tag bei uns, auch über Nacht, nicht wahr?“

„Es geht nicht, Stephan. Ich bin nur gekommen, um dich zu sehen und Abschied zu nehmen; ich muß nach Podhrad zurück.“

„Schon? Aber was wundere ich mich!“ verbesserte Stephan sich selbst. „Dort ist es so nötig, das Werk des Herrn zu begleiten, da es einmal angefangen ist. Aber schade ist es doch, daß du nicht auch diesen Sonntag wie den vorigen bei uns sein kannst.“

„Der Herr befiehlt es anders, und da muß ich gehorchen“, lächelte Ursiny. „Doch wie geht es dir, Stephan? Du bist mir noch eine Auskunft schuldig; als wir das letzte Mal zusammen waren, erwähntest du, daß du einen schweren, harten Kampf hinter dir hättest, den dir der Herr siegreich zu überwinden geholfen habe.“

Stephan errötete. „Ja, nur er!“ Dann begann er ernst und vertraulich zu erzählen von Peter, Marischka und sich selbst. Er verschwieg nichts von jener schrecklichen Nacht und lebte sie in der Erinnerung noch einmal durch, ach, zum wievielten Mal schon!

„Es tut mir sehr leid um Peter“, sagte er nachher. „Er mußte sie um meinetwillen verlieren; aber ich kann nichts dafür.“

„Nein, dafür kannst du nichts, Stephan, es war so Gottes Wille!“ beruhigte ihn der junge Provisor. „Gott hat noch mehr Liebe zu verschenken und kann Peter, der ja noch jung ist, auch zu einem anderen Mädchen Liebe ins Herz geben, schon auch deswegen, weil er in der Versuchung siegreich gekämpft hat und dir dein Glück nicht rauben wollte.“

„Meinst du?“ freute sich Stephan. „Ich werde den Herrn darum bitten, weil Peter so einsam ist.“

„Der den Einsamen das Haus voll Kinder gibt, Bruder, und wenn Er es auch nicht täte. Auch jetzt hat Peter Besuch. Der Herr Baron Rainer kam mit mir zu ihm.“

„Etwa, um ihn abzuholen?“

„Nein, nur um sich mit ihm darüber zu verständigen.“

„Wie herrlich war Gottes Führung, daß Peter so die Gelegenheit bekommt, sich auszubilden! Ich denke, er wird niemals bei der Eisenbahn eine Stellung annehmen, sondern er wird sich nur ausbilden lassen, und wenn er dann zurückkommt, unter uns das Evangelium verkündigen.“

„Das denke ich auch; und ich glaube, daß er einst im Weinberg des Herrn arbeiten wird. Aber Stephan, ich habe eine sehr ernste Frage an dich!“

„An mich?“

„Ja! Ich weiß, daß und wie du den Herrn liebst; liebst du ihn aber so, daß du bereit wärest, um Seinetwillen für eine Zeitlang alles zu verlassen, auch Marischka, und auch fortzugehen, um dich zu einem Evangelisten ausbilden zu lassen für das reife Erntefeld des Königs?“

„Ich?“ Stephan wurde rot und bleich. „Das Verlangen danach lebte und wuchs in meinem Herzen seit der Stunde meiner Bekehrung. Aber wo und wie käme ich dazu?“

„Du wärst also bereit zu gehen?“

„Auch heute, Bruder!“

„Und könntest du auch Marischka verlassen?“

„Oh“, Stephan wurde ernst, „es stünde schlecht um uns, wenn wir uns zuliebe den Herrn Jesus und unsere Nächsten vergessen wollten. Ich sage dir, daß der himmlische Vater mir Marischka geschenkt hat; ich betrachte sie als eine Gabe von Ihm. Wenn wir auch auseinandergehen, bleibt sie doch mein; wie die Braut des Lammes dem Herrn gehört, obgleich er von ihr durch drei Himmel getrennt ist. Wegen Marischka könnte ich schon gehen; aber was wird mit den anderen, wenn auch Peter weggeht?“

„Niemand wird sie aus meiner Hand reißen!‘ Stephan, sie sind Gottes. Der Herr Jesus hat noch mehr Heiligen Geist auszuteilen; er wird einem anderen unter ihnen größere Fülle geben."

„Es ist wahr; was bin ich eigentlich, daß ich meine, der Herr Jesus brauche mich hier! Er sagt ja: ‚Ich bin bei euch alle Tage bis an der Welt Ende.' Ihm kann ich alle überlassen."

„Also, Stephan, mein Bruder, hier hast du die Einladung. Du kannst die Papiere, die man von dir verlangt, der Schule in N. einsenden, und du wirst aufgenommen. Ich wollte mich mit Gottes Hilfe bemühen, daß du umsonst aufgenommen würdest. Es wäre auch geschehen; aber Herr Nikolaj Korimsky ist bereit, für dich zu zahlen. So habe ich erreicht, daß du nicht vier Jahre dort zu bleiben brauchst, da dir die Sprache keine Schwierigkeiten macht. So liegt die Sache, Stephan; ordne die Angelegenheit mit den Deinen, und der Herr Jesus, Dessen treuer Zeuge du bis heute gewesen bist, gebe dir in der Evangelistenschule doppelt die Gabe des Heiligen Geistes, damit, wenn du durch Gottes Gnade einst zurückkehrst, wo du auch hinkommst, die Spuren geistlicher Erweckung zurückläßt. Der Herr gab dir Gnade, dir selbst zu sterben, so lebe nun auch ganz für ihn! Bereite dich zu seinem Dienst! Bereite dich für den dir bevorstehenden Kampf mit den uralten verknöcherten Vorurteilen, welche die Entwicklung der göttlichen Wahrheit bei uns hemmen! Die Mächte der Hölle werden gegen dich kämpfen, aber nicht siegen; denn du lebst nicht mehr, sondern Christus lebt in dir."

In dem Augenblick ertönte von den Bergen herüber Glockengeläute. Es klang wie ein feierliches „Amen!"

So wird es einst tönen, wenn die Sieger aus dem gewaltigen Kampf, in dem sie überwunden, zurückkehren werden mit jauchzendem Triumphgesang.

Stephan kniete nieder zu den Füßen des Freundes, dessen Hände auf dem dunkelhaarigen Haupt des jungen Mannes ruhten. Es war ein weihevoller Augenblick.

Als sie dann vom Gebet aufstanden und Hand in Hand Stephans Heim zuwanderten, sprach Ursiny: „Der Herr gebe, wenn wir dereinst der himmlischen Heimat entgegenpilgern, wenn uns das Glockengeläute aus dem neuen Jerusalem entgegentönen wird, daß wir dann jauchzend rufen können:

Leuchtende Heimat,
Du Tempel der Ahnen,
Wiege der Freiheit,
Der Liebe und Treue,
Sei uns gegrüßt!
Aus weiter Ferne
Zu dir wir pilgern
Mit Kreuzesfahnen,
Beutebeladen

Ziehen wir ein.
Die schweren Kämpfe
Sind siegreich bestanden;
Die aus der Knechtschaft
Erlösten Brüder
Bringen wir wieder.
Öffnet die Tore!
Jesus Immanuel,
Unser herrlicher König,
Empfängt seine Heere!
Heil Dir, Messias!

Die beiden nahmen ihre Hüte ab; noch einmal tönten die Glocken: „Amen, Amen!"

Stephan schien es, als sei die Zeit schon da, und er ginge heim vor das Angesicht des Herrn. Das von der Sonne beschienene Gesicht des Freundes paßte dazu, wie es von sanfter Begeisterung und von himmlischer Siegesgewißheit bewegt war.

Schade! Sie waren noch auf der Erde. Viele Brüder waren noch nicht erlöst von der Sünde; und auch über den schon befreiten hingen noch schwere Wolken des Schmerzes und der Traurigkeit dieser Erde, besonders über einem ihnen sehr lieben. Denn nicht weit davon im Gebüsch stand Peter mit gesenktem Kopf und hörte die traurige Geschichte von dem Fall seiner Eltern ...

Endlich war alles gesagt. Der blaß aussehende Baron Rainer atmete aus der Tiefe seines armen, gedrückten Herzens auf; er schaute auf den jungen Mann, der den Fall seiner Eltern beweinte. Er wehrte ihm nicht; er hatte in sich keine Kraft noch Trost für die junge, vom Meer des Elends überflutete Seele.

Peter hörte von selbst auf, trocknete die Tränen, schaute ihn eine Weile an, dann wandte er sich energisch um. „Ich gehe mit Euch, Herr, wenn Ihr mich mitnehmt“, sprach er demütig. „Ich bin jetzt schon imstande, meinen Vater zu sehen; ich will ihm sagen, daß ich ihm vergeben habe, und will ihn lieben.“

„Peter!“ rief der Baron mit dem Ton einer gesprungenen Saite. „Mein Sohn, du willst mich dennoch lieben, jetzt, nachdem ich dir alles gesagt habe?“

„Herr Ingenieur!“ Peter trat zurück und öffnete weit die Augen; sie schauten halb entsetzt, halb mißtrauisch in das Gesicht des Mannes.

„Kannst du es nicht glauben, Peter? O glaube es nur. Der elende gefallene Mann, den du mit Recht verachtest, der dich liebte, suchte und sich jahrelang nach dir sehnte, der aber auch die Ursache deiner traurigen Kindheit und des vielen dir erwiesenen Unrechts ist, dieser Mann bin ich. Ich will nicht, daß du mich für besser hältst, als ich bin, und mich als deinen edelmütigen Wohltäter betrachtest; ich kenne dein Urteil, mit dem du mich richtig verurteilt hast.“

„Sprecht nicht so, bitte, sprecht nicht so!“ sprach Peter und umschlang leidenschaftlich den Mann. „Ich kann es nicht ertragen, daß Ihr Euch vor mir so herabsetzt! Ist es wahr? Seid Ihr mein Vater? Wirklich?“

Der Baron zog den jungen Mann an sich. „Würde ich mich denn sonst zu einer so schrecklichen Sünde bekennen? Ja, ich bin dein Vater! Aber was sagt jetzt dein Herz, Peter?“

„Was es sagt?“ Peter schaute in das Gesicht des Mannes. „Die Liebe deckt auch der Sünden Menge. Und verzeiht Ihr mir meine harten Worte? Euch hätte ich sie nicht gesagt, Euch nicht, wenn ich es gewußt hätte; Euch nicht!“

„So hast du mich lieb und hast mir vergeben?“

„Ja, Herr!“

„Herr? Ich bin für dich kein Herr!“

„Oh, mir fällt das leichter, anders getraue ich es mich nicht zu sagen.“

„Aber du bist Blut von meinem Blut, mein Kind, ein Teil meines Ich.“

„Wenn auch; aber wenn ich es einmal sagte, könnte ich es auch ein andermal sagen, und die Leute würden es hören.“

„Sie können und sollen es hören. Ich will noch heute allen meinen Bekannten sagen, daß du mein Sohn bist.“

Da entzog sich Peter seiner Umarmung mit dem Ausdruck des Unwillens und schüttelte den Kopf: „Tut das nicht, Herr!“

„Doch, ich tue es."

„Tut es nicht; ich erlaube es Euch nicht! Jetzt achten Euch die Leute; aber dann würden sie häßlich und schlecht über Euch reden, wie das bei uns Gewohnheit ist. Ich habe Euch zu lieb, als daß ich das ertragen könnte."

„Aber ich verdiene es", sprach der Baron.

„Ihr verdient es nicht! Was geht das die Welt an? Es ist genug, daß ich es weiß. Ihr seid gefallen, weil Ihr in der Versuchung nicht gesiegt habt; ich oder sonst jemand an Eurer Stelle hätte ohne Christus auch nicht siegen können. Die Leute würden aber denken, Ihr hättet die Sünde gesucht, und es würde dann alles viel häßlicher und schlimmer gemacht. Das lasse ich nicht zu. Für Jahre werde ich von hier scheiden, und Gott weiß, ob ich einst zurückkehre, denn ein Mensch ist sterblich. Nun, was hätte es da für einen Zweck?"

„Gut, Peter", sprach der Baron ernst, „aber deine Bekannten werden mich für einen ehrbaren, edlen Menschen halten!"

„Das will ich ja gerade!" antwortete Peter mit strahlenden Augen.

Ja gewiß, Gottes Wort hat recht: „Die Liebe deckt auch der Sünden Menge."

20. Auf Wiedersehen!

Für alle Bewohner der drei Häuser unter der verfallenen Papiermühle waren es bedeutungsvolle Stunden, als der Herr Provisor im Dubravatal weilte.

„Arbeit war und wird sein und sie wird auch fertig werden“, sagte Hradsky zu den Seinen; „aber der Herr Provisor wird uns nicht so bald wieder besuchen. Laßt alles liegen, wir wollen nach Hause gehen!“

Sie gingen und teilten es auch Blaschkos auf den unteren Wiesen mit. Dort sagte Blaschko: „Bis zum Tod werden wir nicht alles fertig kriegen; warum sollten wir uns übermäßig beeilen und etwas Gutes dabei versäumen!“

Bald waren alle bei Hradskys um den lieben Gast versammelt. Peter kam auch mit dem Herrn Ingenieur und der Mutter. Petran und Suska Petrovitschka arbeiteten bei Blaschkos. So wurde die ganze Stube voll, als sie sich um den Tisch setzten.

Herr Ursiny hielt ihnen eine Bibelstunde und schilderte ihnen, wie es sein wird, wenn die Kinder Gottes von allen Enden der Welt heimkehren werden.

„Tut die Tore auf, daß hereingehe das gerechte Volk, das den Glauben bewahrt! Du erhältst stets Frieden nach gewisser Zusage; denn man verläßt sich auf Dich. Verlaßt euch auf den Herrn ewiglich; denn Gott der Herr ist ein Fels ewiglich! – Herr, Deine Hand ist erhöht, das sehen sie nicht; wenn sie aber sehen werden den Eifer um Dein Volk, so werden sie zuschanden werden; dazu wirst Du sie mit dem Feuer, mit dem Du Deine Feinde verzehrst, verzehren. Aber uns, Herr, wirst Du Frieden schaffen; denn alles, was wir ausrichten, das hast Du uns gegeben!" Jesaja. 26,2–4 und 11-12.

Aus diesen Worten zeigte Ursiny den großen Unterschied zwischen denen, die dem Volk Gottes angehören, und den anderen; wie verschieden ihre Wege seien und die Ziele, denen sie entgegengehen. Weiter zeigte er, daß einem Menschen, der sich im Glauben an den Herrn hält, auch mitten in Drangsal der Friede bewahrt bleiben kann.

Nur das Volk, das die ganze Gerechtigkeit bewahrt, könne durch die Tore in das neue Jerusalem eingehen; darum ermahnte er alle, treu zu bleiben im Gebet, im Wort Gottes, in der göttlichen Wahrheit und in den Werken der Liebe, damit, wenn der Herr Jesus komme, sie zu denen gehörten, die als berufen, auserwählt und treu erfunden würden.

Er bewies ihnen, daß alles, was Gott mit Seinen Kindern tat, gut war; wenn auch durch die Wüste und tiefe Wasser der Drangsal, führte er sie doch in das verheißene Land. Ursiny forderte dazu auf, daß jeder, der den entscheidenden Schritt noch nicht getan habe, sich heute für immer entscheide, dem Volk Gottes anzugehören und mit ihm unter der Fahne des Kreuzes in das himmlische Kanaan einzuziehen. Er schloß mit den Worten:

„Die Erlösten des Herrn werden wiederkommen und gen Zion kommen mit Jauchzen; ewige Freude wird über ihrem Haupte sein, Freude und Wonne werden sie ergreifen, und Schmerz und Seufzen wird entfliehen!"

Dann beteten nacheinander fast alle, auch der Herr Ingenieur. Als sie sich erhoben, teilte Stephan ihnen mit, welche Gnade ihm vom Herrn widerfahren sei, daß er sich zu einem Arbeiter im Weinberg des Herrn ausbilden lassen solle. Das Staunen war groß.

Frau Kratschinsky hatte die Absichten des Herrn Ingenieurs mit Peter nicht verschwiegen. So wußten alle in den drei Häusern schon davon, und Frau Hradsky hatte einen gewissen Neid gefühlt. Sie hatte gedacht, für Stephan wäre es passender gewesen, in die Schule zu gehen, als für Peter. Nun war ihr Herz befriedigt.

„Wir wollen dir nicht wehren, Stephanko!" sprach sie, als der Sohn bescheiden um die elterliche Erlaubnis bat. Der Vater reichte ihm nur stumm die Hand. Alle gönnten Stephan und Peter ihr Glück.

„Wie werden wir aber ohne dich leben, Stephanko? Wer wird uns den Weg der Wahrheit zeigen?" fragten sie ihn.

„Bis zum Herbst könnt ihr noch viel von ihm lernen!“ sprach Blaschko. „Was der Herr mit uns tut, ist immer zu unserem Besten.“

Nur Marischka sagte kein Wort. Als Stephan dann abends zu Blaschkos ging und sie beide wieder über dem Mühlwehr standen, sagten die rosigen Lippen mit zitternder Stimme:

„Ich fühle es, Stephan, daß Gott dich mit so reicher Fülle seines Geistes nicht ausgestattet hat, damit du nur hier in unserem Gebirge ein Zeuge für ihn seist, während die Welt so groß ist und von der göttlichen Wahrheit so wenig weiß. Du sollst eben noch vielen Menschen die Wahrheit zeigen. Ich kann dir gar nicht sagen, wie dankbar ich dem Herrn bin, daß er dich in Seinen Weinberg ruft. Wir werden hier Tag und Nacht für dich beten, daß er dir mit seinem Geist beistehe.“

Stephan wurde voll Freude. Es war wieder seine Kameradin, die ihn auch damals, als er zum Militär ging, mit guten Worten getröstet hatte. Er fragte nicht, ob sie auf ihn warten wolle, so wie sie ihn nicht fragte, ob er ihr treu bleiben würde. Sie liebten sich treu und vertrauten einander.

„Sollte dir manchmal nach mir bange sein“, sagte er zu ihr, „so denke an das, was mir die Sehnsucht nach dir überwinden helfen wird, daß der Herr Jesus sich schon so lange nach seiner Braut sehnt; und jeder gläubige Christ sollte sich bemühen, ihm seine verlorenen Schafe suchen zu helfen; denn ehe das letzte Schaf gefunden ist, kann er seine Braut nicht heimholen."

***

Während damals in der Frühe nach der Bibelstunde die anderen sich noch mit dem Herrn Ingenieur und Peter unterhielten, sammelte Herr Ursiny die Kinder um sich und verteilte Bildchen unter sie. Er sagte Marischka, sie solle sich des kleinen Volkes annehmen und sie jeden Sonntag Bibelsprüche und Lieder lehren und ihnen biblische Geschichten erzählen. Sie versprach es bereitwillig; und auch die Kinder versprachen zu lernen.

„Freilich", nickte der alte Großvater Hradsky, „das wird gut sein. Wenigstens werden sie nicht so unwissend heranwachsen wie wir, die wir nicht einmal wußten, wie man vom breiten auf den schmalen Weg kommen soll. Marischka kann schön erzählen und singen; sie wird es schon fertigbringen."

„Ich werde Marischka schöne Bilder schicken; wer gut lernt, kann eines davon bekommen", sagte der Herr Ingenieur, und unter dem kleinen Volk herrschte große Freude.

Die Herren wurden darauf bei Hradskys bewirtet; dann übte der Herr Provisor mit den anderen ein Lied ein, das sie Stephan und Peter zum Abschied singen sollten.

„Und jetzt könnt ihr es mir singen!" sagte er, als

sie es schon gut konnten. Sie begleiteten ihn bis zur Papiermühle, um sich dort von ihm zu verabschieden.

Hier, im Schatten der Wälder, die ein geheimnisvolles Märchen lispelten, blieben sie stehen. Und sooft sie später an ihren werten Freund dachten, stellten sie sich ihn vor, wie er auf dem Felsblock stand, sein Haupt vom Sonnenschein umglänzt, als sähe man an ihm ein Abbild jener Krone, von der er bei Hradskys gesprochen hatte. Die Arme über der Brust gekreuzt, schaute er auf sie und auf die wunderschöne Welt um sich mit ihrem prächtigen Antlitz voller Güte und Liebe. Ein gedemütigtes Herz, das sich nicht mehr überheben konnte, sprach aus dem Lächeln, das um seine Lippen spielte. Sie sangen ihm: (Wir geben diese Probe slowakischer Poesie wieder, so gut wir können)

Ob es auch schmerzt, wir müssen scheiden.
Behüt' dich Gott, geliebter Bruder!
Hin sind die Tage süßer Freude,
Der Abend kam, die Zeit des Scheidens.
Die Pflicht ruft dich von uns
Fort in die weite Welt.
Die Zukunft liegt verhüllt,
Und bange fragt das Herz:
Darf sagen ich: „Auf Wiedersehn?"
Für Kinder Gottes, für Kinder Gottes
Gibt es kein Scheiden.

Für sie gilt immer, gilt auch im Tode
Das Wort: Auf Wiedersehn!
Und noch einmal: Auf Wiedersehn!
Drum nicht mit Klagen, mit eitlem Schmerze
Quält euer Herze!
Wenn Gott uns rufet, er uns gebietet,
Dann woll'n wir folgen.
Auf Wiedersehn!
Lebt wohl! Auf Wiedersehn!
Wenn wir auf Erden, uns hier auf Erden
Auch nicht mehr säh'n,
Vor seinem Throne, vor seinem Antlitz
Sehn wir uns wieder;
Auf Wiedersehn!
Ja, dort gibt's Wiedersehn!
Bei Gott auf Wiedersehn!
Den Trug der Erde, Verlust und Scheiden
Wir nicht beklagen;
Nach kurzem Kampfe im himmlischen Glanze
Werden wir herrschen.
Auf Wiedersehn in Herrlichkeit!
Bei Gott auf Wiedersehn!

Das Lied verklang. Der Herr Provisor reichte allen noch einmal die Hände, und dann schauten sie ihm traurig nach, wie er in dem Eichenwald verschwand, bis das Grün ihn ihren Blicken gänzlich entzog.

„Auf Wiedersehn!" rief Peter noch einmal, und

das Echo trug es weiter von Berg zu Tal: „Auf Wiedersehn! Auf Wiedersehn!"

* * *

Im Spätherbst, als die gelben Blätter wie ein goldener Teppich die Erde bedeckten, stand die alte Hütte der Frau Kratschinsky renoviert und mit der angebauten Stube da. Wer hätte Frau Kratschinsky gesagt, daß sie in einem so schönen Haus ihr Leben beschließen würde!

Aber auf Erden gibt es kein Glück ohne Leid. Oft schaute sich Frau Kratschinsky in dem leeren Haus um, wo Peters Webstuhl nicht mehr rasselte und seine helle Stimme nicht mehr erklang. Ihr einziger Trost waren jetzt seine Briefe voller Liebe und kindlicher Anhänglichkeit, die sie regelmäßig alle 14 Tage erhielt. Oft kamen ihr die Tränen dabei; denn sie allein wußte jetzt, wem sie den Sohn erzogen hatte. Der Herr Ingenieur hatte es ihr selbst gesagt. Und obwohl sie wußte, daß unter solchen Umständen Peter nie mehr auf Dauer zurückkehren würde, um unter einem Strohdach zu leben und zu sterben, so freute sie es doch, daß der Sohn zum Vater kam, zu dem er gehörte.

Die vereinsamte Frau kam jetzt näher zu Gott und zu dem Heiland, von dem ihr immer der Sohn schrieb. Sie, die früher immer streitsüchtig und klatschhaft war, wurde still und ernst. Gerne ging sie zu Hradsky, wo nach Stephans Fortgang die Zusammenkünfte nicht aufhörten. Der alte Hradsky und manchmal auch Blaschko lasen Gottes Wort.

Da sie nicht aufhörten, die Wahrheit zu suchen, offenbarte Gott sich ihnen immer mehr, schon deshalb, weil sie sich bemühten, das aus dem Wort Gottes Erkannte zu verwirklichen.

So lebten sie beisammen in Liebe und Eintracht, wie Christus es geboten hat. Manche Nachbarn schätzten sie, andere verachteten sie.

Im Winter sollte Petran zu Frau Kratschinsky übersiedeln. Peters Webstuhl sollte nicht unbenutzt stehen. Petrans Frau glaubte endlich der göttlichen Wahrheit, die er ihr unermüdlich verkündigt hatte. Sie sehnte sich fort von ihren Eltern und wollte mit ihrem Mann allein wohnen. In der kleinen Versammlung gefiel es ihr sehr.

Obwohl der Pfarrer zu M. weiter sehr eifrig gegen die Schwärmer und die Schwärmerei predigte, erreichte er damit doch nichts, als daß viele, die bisher treu in die Kirche und auch zu Hradskys gegangen waren, nun aufhörten, in die Kirche zu gehen, und sich desto eifriger dem kleinen verachteten Häuflein anschlossen, das niemanden und nichts hatte außer Christus und der Bibel.

„Wenn ich mich beschimpfen lassen soll, da gehe ich lieber ins Wirtshaus; dort kann ich wenigstens antworten“, sagte der fröhliche Feldhüter Zeleny. „In der Kirche heißt es, was man einem auch über den Kopf schütten mag: nur stille halten und schweigen, ob es wahr ist oder nicht."

So kamen sie zur Kirche nur noch, wenn ein Kind zu taufen war oder jemand zu begraben oder sonst eine unentbehrliche kirchliche Handlung zu vollziehen war.

Bei Hradskys ging alles in guter Ordnung weiter; auch hier wartete man immer sehnsüchtiger auf Stephans und Peters Briefe. Sie freuten sich, daß es beiden in der Fremde so gut ging und daß sie doch auch Heimweh hatten.

Manchmal dachten sie darüber nach: „Was wird mit Stephan werden, wenn er nach Hause kommt? Und was sollen wir tun, wenn sie uns aus der Kirche ausstoßen wollen?"

„Zu Christus in den Himmel gehen!" sagte der Großvater.

Marischka, die mit Mischko jeden Sonntag die aufmerksamen Kinder im Wort Gottes unterwies, sie ganze Lieder aus dem Gesangbuch und Abschnitte aus den Evangelien lehrte, pflegte zu sagen: „Leben wir nur so, wie der Herr Jesus geboten hat; gehorchen wir ihm, dann wird er für das Unsere sorgen! Ihr wißt, daß Stephan immer sagte: ‚Leben wir so, daß, wenn die Welt auch unseren Worten nicht glauben will, sie wenigstens gestehen muß, wenn wir einst nicht mehr da sein werden, daß wir gut waren ...'"